AF257673

LA FRANCE
DRAMATIQUE
AU DIX-NEUVIÈME SIÈCLE,
Choix de Pièces Modernes

Gymnase-Dramatique.

DANIEL LE TAMBOUR,
COMÉDIE-VAUDEVILLE EN DEUX ACTES.

865—866.

PARIS.
C. TRESSE, ÉDITEUR,
ACQUÉREUR DES FONDS DE J.-N. BARBA ET V. BEZOU,
SEUL PROPRIÉTAIRE DE LA FRANCE DRAMATIQUE.
PALAIS-ROYAL, GALERIE DE CHARTRES, N°s 2 ET 3,
Derrière le Théâtre-Français.

1843.

DANIEL LE TAMBOUR

COMÉDIE-VAUDEVILLE EN DEUX ACTES,

PAR M. AUVRAY,

Représentée pour la première fois, à Paris, sur le théâtre du Gymnase-Dramatique,
le 2 décembre 1843.

DISTRIBUTION DE LA PIÈCE.

LE MARQUIS DE GERVILLE............................	MM	KLEIN.
LE COMTE ÉDOUARD DE TRÉCY........................		RHOZEVIL.
GUSTAVE DUBOURG.................................		LUGUET.
DANIEL...		DELMAS.
GIRODEAU.......................................		LANDROL.
EUGÉNIE..	Mlles ROSE CHÉRI.
MARIANNE.......................................		DÉSIRÉE.
ETIENNE, valet de chambre du marquis............	M.	BORDIER.

La scène se passe, au premier acte, dans un village auprès du fort de la Hougue, en Normandie. Au second, à Paris.

ACTE PREMIER.

Un salon chez Girodeau. Porte au fond, ouvrant sur un vestibule qui conduit au jardin. Au milieu du vestibule, une fenêtre ouvrant sur la campagne. Portes latérales. Table, chaises, etc.

SCÈNE I.

GIRODEAU, MARIANNE.

GIRODEAU, assis devant une table à gauche, et écrivant l'adresse d'une lettre.

« A monsieur le chef de bataillon, commandant » le fort de la Hougue, département du Calvados...» Là, voilà ce que c'est... A l'autre, maintenant... (Cherchant sur la table.) Eh bien!... ma lettre à M. le marquis, où est-elle donc?... (Bouleversant tous ses papiers.) Ah ! mon Dieu ! aurais-je eu l'imprudence de la laisser sur cette table... Je suis vraiment d'une légèreté... dans des instans... Si quelqu'un... (Il regarde autour de lui.) Mais non... je ne me suis éloigné d'ici que deux minutes, pour délivrer le passeport que le tambour de la commune est venu me demander, en ma qualité d'adjoint et en l'absence du maire... (S'arrêtant avec crainte.) Eugénie serait-elle descendue... Ah ! mon Dieu !... (Cherchant de nouveau et appelant.) Marianne !... Marianne !

MARIANNE, en dehors, à droite.

Monsieur !

GIRODEAU.

Venez !... (A lui-même.) Elle pourra peut-être me dire !... (Appelant.) Marianne !...

MARIANNE, de même.

Monsieur !

GIRODEAU.

Venez donc... (Se désolant et cherchant.) Ah ! mon Dieu ! mon Dieu ! (Avec colère.) Marianne ! descendrez-vous enfin ?...

MARIANNE, toujours en dehors.

Plaît-il ?...

GIRODEAU.

Elle ne viendra pas, allez... (Trouvant la lettre.) Ah ! voilà !...

MARIANNE.

J'y vais, monsieur !

GIRODEAU.

Non... non... restez... (A lui-même en regardant la lettre.) Je l'avais serrée là, par précaution...

MARIANNE.

Je suis à vous tout de suite, monsieur...

GIRODEAU.

C'est inutile !...

MARIANNE.

Oui, oui, monsieur, je descends...

GIRODEAU.

C'est ça, à présent qu'on lui dit de se tenir tranquille...

MARIANNE, descendant.

Me voilà, monsieur, me voilà !...

GIRODEAU, se levant.

Au diable !... Je vous dis que c'est inutile !... (Il va fermer la porte et revient.) Ouf ! je respire... C'est que M. le marquis ne plaisante pas ; et si la grande affaire dont il m'a chargé venait à échouer par ma faute... il serait homme à me retirer la gestion de ses biens.

AIR : Un homme pour faire un tableau.

Et quelle disgrâce, grands dieux !
Si, dans ses principes sévères,
Le marquis allait, furieux,
M'ôter le soin de ses affaires !
Car si j'ai jamais fait vraiment
Assez honnêtement les miennes...
Ce n'est que depuis le moment
Où j'ai dû m'occuper des siennes.

Voyons, lui ai-je expliqué assez clairement... Il est si méticuleux ! (Lisant.)

« Monsieur le marquis,

» J'ai l'honneur de vous annoncer que tout » marche ici selon vos désirs... grâce à l'adresse » avec laquelle... » (Il continue de lire bas.) Hum ! hum ! hum ! hum ! etc., etc. C'est bien ça... Si cette fois il n'est pas satisfait du zèle, du tact et de l'habileté que j'ai déployés... ma foi !... (Appelant.) Marianne !

MARIANNE, entrant.

Monsieur !...

GIRODEAU.

Bertaud est-il là ?

MARIANNE.

M. Bertaud ?...

(Elle le regarde d'un air étonné.)

GIRODEAU.

Sans doute ! Eh bien ! quoi ?... Qu'est-ce que vous avez à me regarder ?

MARIANNE.

M. Bertaud, le tambour de la commune ?

GIRODEAU.

Eh ! oui... Bertaud le tambour, le garçon de bureau de la mairie...

MARIANNE.

Mais, monsieur, vous savez bien qu'il est parti ce matin pour son pays...

GIRODEAU.

Ah ! tiens, c'est juste ! Mais j'ai tant de choses dans la tête... Alors vous donnerez ces lettres au jardinier.

(Il écrit l'adresse de la lettre du marquis.)

MARIANNE.

Oui, monsieur. (Elle veut les prendre.)

GIRODEAU, repoussant la main.

Un moment donc !.. Vous voyez bien que je n'ai pas fini... En attendant, allez dire à ma fille de venir me parler tout de suite...

MARIANNE.

Oui, monsieur. (Elle sort.)

GIRODEAU, écrivant toujours l'adresse.

« Monsieur le marquis de Gerville, en son hô- » tel, rue de Grenelle-Saint-Germain, à Paris, » département de... de... (Cherchant.) Ah ! de la » Seine... » (Il va pour cacheter.) Ah ! n'oublions pas de lui dire que ce qui m'a surtout décidé à en finir le plus tôt possible... (Il écrit, tout en parlant, au bas de la lettre qu'il a rouverte.) C'est la nouvelle du retour en France et de la prochaine arrivée ici du baron de Prangey !... Si, en effet, cet ami de feu la sœur du marquis sait quelque chose... il pourrait, par quelque indiscrétion, mettre obstacle...

MARIANNE.

Voici mademoiselle qui vient.

GIRODEAU, lui remettant les lettres.

Ah ! bien... Tenez, donnez cela au jardinier, il portera celle-ci à la poste... et l'autre à M. le commandant du fort.

MARIANNE.

M. Dufort !

GIRODEAU, levant les épaules.

Non. Je vous dis... au commandant du fort... à l'officier qui commande le fort... le fort de la Hougue, que vous voyez d'ici... département du Calvados. (Il montre la fenêtre.)

MARIANNE.

Ah ! oui, monsieur, oui...

GIRODEAU, la suivant.

Et qu'on se dépêche...

MARIANNE.

Suffit, monsieur. (Elle sort.

oooooooooooooooooooooooooooooooooooooooooooooooooo

SCÈNE II.

GIRODEAU, EUGÉNIE.

GIRODEAU.

Là, M. le marquis aura ma lettre demain, et apprendra ainsi quelques heures seulement après la cérémonie...

EUGÉNIE, qui vient d'entrer.

La cérémonie ?...

GIRODEAU, avec une joie comique.

Oui, ma fille, oui, ma chère Eugénie... C'est

aujourd'hui même que vous deviendrez madame Gustave Dubourg. (Mouvement d'Eugénie.) C'est une surprise que je vous ménageais... Le notaire est prévenu, l'acte dressé, et ce soir...

EUGÉNIE, troublée.

Ce soir ?...

GIRODEAU.

Oui... ce soir... à huit heures... Mais qu'avez-vous donc ?

EUGÉNIE.

Moi, rien, mon père...

GIRODEAU.

J'espère que cela ne vous contrarie pas... et que ce n'est point le souvenir de M. Édouard...

EUGÉNIE.

Oh ! non, mon père !

GIRODEAU.

A la bonne heure... Et, au fait... après son indigne conduite, que rien ne saurait excuser...

EUGÉNIE.

Oh ! non... bien certainement... rien...

GIRODEAU.

Du reste... on pouvait s'y attendre. Lorsqu'un jeune militaire, riche, noble, comme M. le comte Édouard de Trécy, feint d'aimer la fille d'un petit bourgeois, d'un pauvre intendant comme moi...

AIR : De votre bonté généreuse.

C'est simplement pour se distraire...
Comme on dit, pour tuer le temps ;
Qu'il s'amuse à chercher à plaire,
Qu'il prodigue les vains sermens...

EUGÉNIE.

Eh ! quoi?...

GIRODEAU.

Je vous le certifie ;
Et ces beaux sermens, entre nous,
Bien folle est celle qui s'y fie !

EUGÉNIE, naïvement.

Y croire pourtant est si doux !
Et pourtant y croire est si doux !

GIRODEAU.

La vie de garnison est fort ennuyeuse... surtout dans une forteresse au bord de la mer... dans le fond de la basse Normandie... Il faut bien se créer une occupation, quitte à y renoncer quand on à trouvé mieux... et c'est ce que M. le comte a fait, en disparaissant tout à coup pour aller se marier.

EUGÉNIE, vivement.

Se marier ! ..

GIRODEAU.

Eh ! oui... un mariage superbe avec je ne sais quelle duchesse...

EUGÉNIE, à part, avec ressentiment.

Marié !...

GIRODEAU, à part.

Il n'y a pas de mal à lui faire croire... (Haut.) J'ai appris cela hier. Est-ce que je ne vous l'avais pas dit ?...

EUGÉNIE, à part.

Et moi qui doutais encore... qui hésitais...

GIRODEAU, à part.

De l'indignation !... c'est le coup de grâce !... M. le comte Édouard ne s'en relèvera pas... Et puisque M. le marquis ne veut pas de lui..... (Haut.) Ah ! ce n'est pas M. Gustave qui agirait ainsi... Voilà un jeune homme charmant, honnête, loyal, aimable... toutes les qualités qui peuvent assurer le bonheur d'une femme, n'est-ce pas ?

EUGÉNIE, soupirant.

Oui, mon père !

GIRODEAU.

Et puis, lieutenant à vingt-trois ans, et neveu de M. le commandant du fort de la Hougue... peu riche, il est vrai... mais, comme je puis, grâce aux bontés de M. le marquis, vous assurer une dot de deux cent mille francs... (Elevant la voix.) Deux cent mille francs... savez-vous bien qu'avec ça en province... on peut se faire une existence très brillante, très heureuse...

EUGÉNIE, de même.

Oui, mon père !

GIRODEAU.

Il faudra pour cela m'imposer des sacrifices... mais je vous dois un dédommagement... Les circonstances, ma position de gérant des biens immenses de M. le marquis m'ayant contraint jusqu'ici à de fréquens et longs voyages... il avait bien fallu me décider à confier le soin de votre enfance... à des étrangers, dans votre pensionnat de Valognes... (Eugénie soupire tristement.) Je vous dis cela... parce que quelquefois vous paraissez avec moi d'une froideur... Je crains que vous ne m'en veuillez un peu...

EUGÉNIE.

Oh! mon père... quelle idée !... Vous dire que mon cœur n'a pas souvent gémi de mon éloignement... de cet abandon...

(Gustave parle dans la coulisse.)

GIRODEAU, qui prêtait l'oreille.

Hein ?... (Il remonte.) Que vois-je là-bas... Mais oui... c'est M. Gustave Dubourg, votre futur... (Mouvement d'Eugénie.) Vous partez?...

EUGÉNIE.

Peut-être... désirez-vous... l'entretenir?...

GIRODEAU.

Au fait, oui ; nous avons à causer... D'ailleurs, il serait bon de songer à votre toilette !...

(Elle sort.)

SCÈNE III.

GIRODEAU, GUSTAVE.

GIRODEAU, allant au fond.

Eh ! c'est ce cher monsieur Gustave ?

GUSTAVE, lui donnant la main.

Moi-même, digne magistrat... Ça va bien ?...

GIRODEAU.

Mais comme vous voyez... ça va toujours...

GUSTAVE, lui frappant légèrement sur le ventre.

Toujours rondement... bravo !...

GIRODEAU.

Ah ! ah ! ah ! il est gai... il est charmant...

GUSTAVE, cherchant autour de lui.

Et mademoiselle Eugénie ?...

GIRODEAU.

Fort bien aussi... elle me quitte à l'instant... Et tenez... nous causions de vous...

GUSTAVE.

Vraiment ?

GIRODEAU.

Ça vous étonne ?... un jour comme celui-ci ?... le plus beau jour de votre vie ?...

GUSTAVE.

Hélas ! non... c'est ce qui vous trompe, mon cher municipal..... Ce beau jour sera pour un autre...

GIRODEAU.

Un autre... que vous ?...

GUSTAVE.

Pour un autre jour...

GIRODEAU.

Comment ça ? puisque la cérémonie doit avoir lieu ce soir...

GUSTAVE.

Impossible ! un obstacle imprévu...

GIRODEAU.

Un obstacle !... Ah ! mon Dieu !... (A part.) Est-ce que son oncle, le commandant... effrayé des petites circonstances qu'il a bien fallu confier hier à sa discrétion... ne voudrait plus... Et moi qui ai écrit à M. le marquis...

GUSTAVE.

Je n'ai pas besoin de vous dire combien je suis contrarié...

GIRODEAU, à part.

Et moi donc ! (Haut.) Mais enfin... cet obstacle si grand... quel est-il ?

GUSTAVE.

La prochaine arrivée d'un inspecteur-général...

GIRODEAU.

Oh ! si ce n'est que cela ?...

GUSTAVE.

Que cela ?... un inspecteur !... Ah ça ! vous croyez donc qu'un inspecteur-général se reçoit comme un percepteur des contributions ou un maire de village ?...

GIRODEAU.

Je ne dis pas... mais enfin...

GUSTAVE.

Enfin... au moment où je vous parle... tout est sens dessus dessous dans le fort... la garnison est consignée... on travaille, on nattoie... on astique, on fourbit, on brosse, on s'exerce... Soldats, officiers, commandant, tous s'apprêtent à paraître aux yeux de l'inspecteur... ce juge suprême, qui peut, d'une ligne envoyée au ministre, faire destituer depuis le dernier sous-lieutenant jusqu'au commandant de la citadelle, s'il est mécontent de leur tenue, ou bien s'il ne trouve pas chacun à son poste...

GIRODEAU.

Ah ! diable ! je ne croyais pas... Et à quelle heure ce monsieur...

GUSTAVE.

Nous l'ignorons... voilà bien ce qui nous inquiète, et nous force à rester sur le qui vive... toute la soirée.

GIRODEAU.

Quel contre-temps ! Cependant il n'y a pas moyen de différer... si votre mariage n'a pas lieu aujourd'hui même, je ne réponds de rien... et vous manquez une affaire superbe...

GUSTAVE.

Ah ! bah !...

GIRODEAU.

Oui... une circonstance grave... Au reste, j'expliquais cela dans une lettre que je viens d'écrire au commandant... il va sans doute prendre des mesures...

GUSTAVE.

Vous croyez ?... Après tout... comme il voudra ; moi, vous pensez bien... je ne demande pas mieux, je suis prêt... il est mon oncle, mon supérieur, et je dois lui obéir (Se reprenant.) à une condition pourtant... (Girodeau le regarde surpris.) Oui, monsieur... car plus le moment approche... j'éprouve... là... malgré moi, une sorte de crainte, d'hésitation...

GIRODEAU.

D'où vient donc ?...

GUSTAVE.

Oh ! c'est que depuis qu'il est question de ce mariage... je crois remarquer chez mademoiselle Eugénie une certaine contrainte...

GIRODEAU.

Nullement... erreur... embarras bien naturel... Une jeune fille... celle-ci surtout... élevée loin du monde... au fond d'un pensionnat de province... d'où elle n'est sortie que pour venir ici... il y a deux mois à peine... Vous concevez... elle n'a pas encore l'usage, l'habitude... Eugénie, enfin, ne peut pas être comme vous et moi... Vous ne pouvez pas exiger ça !...

GUSTAVE.

Parbleu ! j'en serais bien fâché... (A part.)
Comme lui surtout... (Haut.) C'est égal !... permettez-moi de lui parler... de lui demander fran-
chement...

GIRODEAU.

C'est fort inutile !... (Mouvement de Gustave.)
Cependant si vous y tenez absolument...

GUSTAVE, avec fermeté.

Absolument, monsieur... Je ne veux pas avoir
de reproches à me faire...

GIRODEAU.

Je n'ai rien à dire à cela... Ces scrupules prou-
vent votre délicatesse, jeune homme... (Décla-
mant.) « Des officiers français, tel est le beau ca-
ractère, » comme a dit le grand Corneille dans
Cinna... ou *Iphigénie*...

GUSTAVE.

Oh ! oh ! Peste ! quelle érudition d'adjoint !...

GIRODEAU.

Je vais donc vous chercher votre future. Vous
attendrez peut-être un moment... Je crains qu'elle
ne soit déjà à sa toilette... (A part.) Et puis, il
faut lui donner le temps de se remettre...

AIR de la poule, des Huguenots.

Je me hâte, mais patience,
Comme moi, vous savez, je pense,
Que les dames mettent toujours
Beaucoup de temps à leurs atours.

GUSTAVE.

Je ne m'ennuierai pas, j'espère,
Je veux, contre mon ordinaire,
Ici réfléchir un instant...
Qui sait ? c'est peut-être amusant.

ENSEMBLE.

Oui, je vais prendre patience ;
Car ainsi que vous, moi, je pense,
Que les dames mettent toujours
Beaucoup de temps à leurs atours.

GIRODEAU.

C'est cela ! prenez patience,
Comme moi vous savez, etc.

(Girodeau sort.)

SCÈNE IV.

GUSTAVE, seul.

Qu'il dise tout ce qu'il voudra... j'en aurai le cœur
net... Certainement une jeune femme de deux cent
mille francs, jolie, douce, bien élevée... c'est
charmant... C'est encore mieux... beaucoup mieux
que ma belle veuve de Valognes, la riche greffière
à qui j'avais à peu près promis... mais c'est une
veuve... et ma foi... Au reste, un parti superbe

aussi. Enfin, nous verrons... Ce qu'il y a de certain... c'est que si j'ai le choix... si les dispositions de mademoiselle Eugénie me sont réelle-
ment favorables, je l'épouse... sinon, eh bien !
ma foi !... je passerai au greffe !... (Riant.) Je me
grefferai...

DANIEL, en dehors.

Eh ! oui... le maire... l'adjoint... ça m'est
égal !...

GUSTAVE.

Hein ?... Ah ! c'est ce soldat que j'ai rencontré
tout à l'heure...

SCÈNE V.

DANIEL, GUSTAVE.

DANIEL, paraissant au fond, tenue de soldat en congé
de réforme. Il porte un étui de ferblanc en ban-
doulière. Parlant à la cantonade.

Bien ! bien ! par le flanc droit et en face... j'y
suis... Merci, mon vieux... ne vous dérangez pas...
restez à vos cantalous...

GUSTAVE, riant.

C'est bien lui !...

DANIEL, l'apercevant.

Ah ! tiens ! excusez, mon officier... je cherche
l'autorité locale pour viser ma feuille...

GUSTAVE.

Eh bien ! camarade, vous avez donc trouvé le
chemin ?...

DANIEL.

Comme c'était malin... avec les renseignemens
que vous m'aviez donnés... à moins d'être suscep-
tible d'entrer dans le régiment à cloches... du
vieux là-bas...   (Il montre le jardin.)

GUSTAVE, riant.

Ah ! ah ! ah !

DANIEL.

Vous m'aviez dit : Le sentier en face... puis le
petit pont... puis deux fois par le flanc gauche...
une par le flanc droit... filer le long du mur...
faire demi-tour, marcher de front jusqu'à la
grille...

GUSTAVE.

C'est bien ça... Vous avez une mémoire... so-
lide...

DANIEL.

Faut bien... quand les jambes ne le sont plus...
et quand je vous ai rencontré là-bas, auprès du
fort... ma foi, je l'étais peu... (Gustave le regarde.
—Appuyant.) peu fort !...

GUSTAVE, riant.

Ah ! ah ! ah ! c'est vrai !... mais vous vous êtes
reposé...

DANIEL.

Oui... et rafraîchi d'un demi-pot de cidre que

vous m'aviez fait donner... et que la cantinière n'a jamais voulu me laisser payer... Elle a prétendu que ça vous regardait...

GUSTAVE.

Effectivement... j'ai un compte ouvert...

DANIEL.

Merci toujours! A propos... par dessus le marché, vous ne pourriez pas me montrer l'autorité... le maire?... Car c'est ça que je cherchais en fin de compte...

GUSTAVE.

Il sera ici dans un moment!...

DANIEL.

J'aurais voulu pousser jusqu'à Saint-Vaast aujourd'hui...

GUSTAVE.

C'est possible... cinq heures... Il est vrai que par cette chaleur...

DANIEL.

La chaleur! Ah! bien oui... ça n'est pas ça qui me pèse... J'arrive d'Afrique, et vous comprenez... quand on a joui pendant dix ou douze ans du soleil de cet hémisphère-là... vrai, on se trouve humilié... de nous voir un astre si criquet en France!... Non, ce qui me gêne dans des momens pour circuler en équipage de fantassin, voyez-vous... c'est ça!...

(Il frappe sur sa cuisse.)

GUSTAVE.

Une blessure!...

DANIEL.

Comme vous dites... ces gueux de Kabyles... Vous n'êtes pas sans avoir entendu parler de la charge exécutée au col de Mouzaïa?...

GUSTAVE.

Certainement!...

DANIEL.

Eh bien!... c'est moi qui la battais, et ça ronflait... allez!... (Imitant le tambour.) Ran... et ran, ran... Justement la veille j'avais mis une peau neuve à ma caisse.. Je marchais donc en avant, lorsqu'en passant devant un énorme cactus... pif! paf! des coups de fusils... et pchie... pchie... des balles... et bonsoir.. la caisse et moi troués tous deux très dangereusement... moi, du moins, car ma caisse, dès le lendemain... vous le pensez bien... il n'y paraissait plus... Les tambours, c'est comme les serpens de cette contrée-là... quand c'est malade... ça change de peau... tout est dit... ça reprend son service...

GUSTAVE, riant.

Ah! ah! ah!... Il est original!...

DANIEL.

Mais moi...

AIR: De la Somnambule.

Comme il n'était pas si facile
De réparer l'accroc que j'avais r'çu là!...
Avec la ball' du satané Kabyle,

On m' fit alors filer sur Mascara...
Là le docteur m'a r'mis dans les ingambes,
En m'extirpant deux ou trois onces de plomb,
Et sans détruir' l'équilibr' de mes jambes ;
Car, vous l' voyez, je suis toujours d'aplomb,
Vous le voyez, j'suis parfait'ment d'aplomb.

C'qui n'empêche pas qu'on m'a donné mon congé... oui, mon congé de réforme, que j'avais demandé depuis long-temps, vu, que je nourrissais là... (Il se frappe le front.) une idée... un projet... Alors, on m'a embarqué pour Marseille!

GUSTAVE.

Seriez-vous venu de Marseille ici à pied?...

DANIEL.

Toujours... Un joli ruban de queue, pas vrai?...

GUSTAVE.

Plus de deux cent cinquante lieues!

DANIEL.

Autrefois, oui... et à présent neuf cent quatre-vingt-quatorze kilomètres, comme ils comptent... Et vrai... je ne sais pas quelle idée le gouvernement a eu d'alonger les routes comme ça... Autrefois les étapes étaient de cinq, six, huit lieues... Aujourd'hui, c'est des vingt, vingt-cinq, trente kilomètres... Allez donc, pour un homme pressé comme je l'étais...

GUSTAVE.

Ah!...

DANIEL.

Il me tardait tant d'arriver... Aussi, je n'ai pas pris un jour de repos, je peux le dire, et j'en mangeais de ces kilomètres... vingt à mon déjeûner... autant à mon diner.., et quelquefois je soupais... Voilà mon ordinaire... Aussi, vous voyez... quel embonpoint...

GUSTAVE.

Oui... vous auriez besoin de vous refaire, camarade!...

DANIEL.

Encore, si j'avais réussi... ça ne serait rien... Je n'y penserais pas plus qu'à ma première étape... Mais non... Tant de mal, tant de fatigues pour rien... inutilement... Ah! tenez, mon officier, il y a des hommes dans le monde qui ne sont pas nés pour avoir du bonheur...

GUSTAVE.

Que voulez-vous dire?...

DANIEL.

Oh! rien... Je voudrais voir M. le maire...

GUSTAVE.

Tiens! cet air triste... maintenant... Où comptez-vous aller?...

DANIEL.

Moi!... A présent, je n'en sais trop rien... Du moment que je n'ai pas trouvé...

GUSTAVE.

Quoi donc?

DANIEL.

Quelqu'un... une personne... qu'un soldat...

le tambour-maître du régiment, m'avait prié de chercher...

GUSTAVE.

Dans ce pays...

DANIEL.

A dix ou douze lieues d'ici, du côté d'Isigny... Quand il a su que je partais...« Daniel, qu'il m'a dit... puisque tu as ton congé... que te voilà libre de tes évolutions... et que tu vas à Marseille... fais-moi donc l'amitié... de donner un coup de pied jusqu'à Isigny... en basse Normandie...»

GUSTAVE, riant.

Ah! ah! ah! Et cette personne, dites-vous, ha-bite les environs d'Isigny?...

DANIEL.

A ce qu'il croyait... Parce qu'autrefois... du temps de la demoiselle... Mais tout le monde... disparu... évaporé... Faut y renoncer...

GUSTAVE.

Pourquoi donc?... J'ai quelques amis dans le régiment, qui connaissent le pays... Je pourrai m'informer... vous aider peut-être...

DANIEL.

Vrai, mon officier?...

GUSTAVE.

Sans doute... En me donnant des indices... en m'apprenant...

DANIEL.

C'est juste!.. (Se reprenant.) Ah! oui... mais... c'est qu'il y a dans tout ça un secret... Et le ca-marade m'avait bien recommandé... Après ça pourtant... du moment que vous pourriez nous aider... Mais, ça ne vous intéressera guère, vous!...

GUSTAVE.

Si fait! si fait!...

(Il prend du papier et du tabac, et s'occupe à faire une cigarette pendant le récit de Daniel.)

DANIEL, qui a été déposer son sac au fond.

Eh bien! si vous avez la bonté de vous em-ployer... C'est donc pour vous dire qu'il y a de ça dix-huit ans à peu près... Un camarade qui en avait vingt, tomba sur un mauvais numéro, ce qui le chagrina... vu qu'il était pas mal gentil gar-çon... pas trop bête... et qu'il se sentait peu de dispositions à déchirer *touche*, et à humer la poudre à canon du gouvernement... Après ça... chacun son goût...

GUSTAVE.

C'est comme moi, je ne puis pas souffrir le vin de ce pays-ci...

DANIEL.

Le vin de pommes?...Oui, faut s'y habituer...et ça arrive à la longue... On s'y fait... C'est donc pour vous dire que le camarade se rendait au ré-giment... Dame!... un peu comme les enfans vont à l'école... Il allait... mais sans trop se fouler la rate...Et ce jour-là... en longeant la forêt de Bretteville... je ne sais si vous connaissez ce pays-

là!... un endroit assez perdu... des bois... des montagnes... des ravins... Tout à coup, il entend pousser des cris de détresse du côté de la rivière... C'était la corde du bac qui venait de casser... Le bac avait chaviré... et ceux qui étaient dessus...

GUSTAVE.

Se trouvaient dessous?...

DANIEL.

Comme vous dites... Le pis, c'est que le cou-rant entraînait tout ça sous les roues d'un mou-lin... pas bien loin de là!...

GUSTAVE, avec intérêt.

Diable!..

DANIEL.

Le camarade savait nager, tout juste... Mais en voyant des femmes dans un si grand danger... il n'hésite pas... il court... et va se jeter entre la chute d'eau et le bac, afin d'arrêter au passage...

GUSTAVE, arrêtant son travail pour écouter.

Très bien... Mais le courant...

DANIEL.

Ah! le courant allait son train... vous pensez bien qu'il n'attendait pas... La première qui lui tombe sous la main... c'est une jeune fille... Il la saisit et la pousse à terre... puis la vieille mère... idem... puis le batelier... Mais alors, lui... le bac l'accroche, le pousse... Puis la chute d'eau... Un tourbillon... Bonsoir la compagnie...

GUSTAVE.

Et le camarade?... il en est revenu?...

DANIEL.

Dame! c'est à croire... puisqu'il nous a raconté tout ça...

GUSTAVE.

Et la jeune fille?...

DANIEL.

La jeune fille aussi!...

GUSTAVE, avec curiosité.

Était-elle jolie?...

DANIEL, vivement.

Si elle l'était!... (Se contenant.) Il paraîtrait... mais le camarade ne le sut guère qu'une huitaine de jours après... quand il put distinguer ce qui se passait autour de lui... Et alors il se trouva étendu sur un lit... dans une salle.. (Regardant la chambre). Ah! bast! Oui... quatre fois plus grande qu'ici... Et il aperçut... comme qui dirait là-bas... dans l'embrasure d'une fenêtre... (Regardant). Ah! bast! deux fois plus haute que celle-ci... la vieille dame lisant son livre d'heures dans un fauteuil... (Il regarde un fauteuil.) Ah! bast...

GUSTAVE, riant.

Ah! ah!...

DANIEL.

Et là... tout près de lui... une figure si douce... avec des yeux bleus... des cheveux dorés... et deux petites mains si blanches... mais si blanches... (Il joint les mains.) qui priaient... Ce qui fit qu'il crut voir son ange gardien... Il voulut parler, mais une des mains si blanches se posa sur sa bouche... et l'autre... lui fit comme ça...

(Il met son doigt sur sa bouche.)

GUSTAVE.

Tiens! tiens! tiens!

DANIEL.

Quelques jours après, il sut qu'il était chez la vieille dame... dans une habitation très retirée... où elle vivait seule avec sa fille... Le fait 'est qu'il n'y aperçut jamais, et encore une fois en passant, qu'un parent de la dame... le chevalier... de... des... une espèce de grand peuplier très sec... qui venait lui demander pas mal d'argent... pas au camarade...

GUSTAVE.

Oh! parbleu! un conscrit!... (A Daniel qui s'est arrêté pensif.) Eh bien?...

DANIEL, après un silence.

Eh bien!... à présent... pour vous abréger, mon lieutenant... si vous voulez bien... nous allons passer deux ou trois trimestres...

GUSTAVE, avec regret.

Ah! pourquoi donc?...

DANIEL.

Parce que... parce que... ce serait trop long... quoique cette halte-là lui ait fait l'effet d'un rêve à lui...

GUSTAVE.

Il était donc resté... Ah! ça, mais le régiment...

DANIEL.

Voilà! si le camarade l'avait oublié... il n'en était pas de même du régiment... Aussi... un soir... Ah! tenez rien que d'y penser...

GUSTAVE.

Eh bien?

DANIEL.

Eh bien!... arrêté... saisi comme; réfractaire... et devant elle... sous ses yeux!... (Mouvement de Gustave.) Oui, devant elle, qui veut le retenir, qui les conjure... oubliant sa position... oubliant que sa mère est là!... et qu'elle trahit leur secret... Alors jugez le chagrin, la colère de la vieille comtesse!...

GUSTAVE.

Une comtesse!...

DANIEL.

Oui!... une comtesse de province... Heureusement elle adorait sa fille... car sans ça... on ne sait pas ce qui serait arrivé... Mais en la voyant pâlir, tomber évanouie à ses pieds... elle s'attendrit... Et lui... on profita de ce moment-là pour l'entraîner... pour le conduire de brigade en brigade jusqu'à Cherbourg... puis là, en prison... au cachot... et de là aux colonies... à Bourbon, au Sénégal... et plus tard en Afrique...

GUSTAVE.

Où tu l'as laissé?...

DANIEL.

Oui...

GUSTAVE.

Alors il n'a pas revu celle...

DANIEL, tristement.

Jamais!...

GUSTAVE.

Qu'est-elle donc devenue?...

DANIEL.

Morte quelques temps après...

GUSTAVE.

Sa mère?...

DANIEL.

Elle avait quitté, vendu le château de Boisriou tout de suite après l'événement... Elle s'était retirée dans quelque autre de ses terres... où elle est allée mourir de... sans dire à personne... le secret... Vous voyez bien que mon pauvre camarade... ce qu'il a de mieux à faire pour se guérir de ses idées tristes... et de ses souvenirs... c'est de chercher bien vite une bonne occasion de se faire tuer...

GUSTAVE.

Allons donc!...

DANIEL.

AIR : D'Aristippe.

Que ferait-il à présent sur la terre ?
 Non... plus rien... et c't' occasion-là,
 Il la cherch'ra si bien, j'espère,
 Qu'pour la trouver, le ciel le guidera.
  J' connais le chagrin qu'il éprouve;
 Et ce moment à son cœur est bien dû...
 C'est l' seul moyen qu'en mêm'temps il retrouve,
 Peut-être, hélas! tout ce qu'il a perdu!...

(Il lève les yeux au ciel.)

GUSTAVE.

Quelle folie!...

DANIEL.

Ah! oui... ça vous semble comme ça à vous, mon lieutenant; mais ça dépend des caractères...

GUSTAVE.

C'est vrai!...

DANIEL.

Et il paraît, d'après ce que disait la cantinière là-bas...

GUSTAVE.

Chut!... pas si haut donc!...

DANIEL.

Oh! c'est juste... j'oubliais qu'on disait aussi que vous étiez ici pour un motif... et si la demoiselle et son père savaient... (Avec impatience.) Ah ça! mais... où est-il donc ce père?... c'est-à-dire... ce maire... C'est donc comme l'homme invisible!... (Frappant avec son bâton.) Hé! la maison!...   (Entrée de Girodeau.)

GUSTAVE, le retenant.

Veux-tu bien?... Tiens! le voici sans doute...

SCÈNE VI.

LES MÊMES, GIRODEAU, puis EUGÉNIE.

GIRODEAU, à la cantonade.
Allons, mon enfant... allons !...
DANIEL, à part.
Comment ?... c'est ce gros-là... et moi qui le
traitais d'invisible ! Excusez !...
(Eugénie entre. — Il s'arrête.)
GIRODEAU, à Gustave.
Vous vous impatientez probablement... mais je
vous avais prévenu... Eugénie était occupée...
(Voyant Daniel.) Ah ! qu'est-ce que ?... (A Gus-
tave.) Je suis à vous... causez toujours...
GUSTAVE, à Eugénie.
Mademoiselle ! veuillez me pardonner...
(Il lui parle bas.)
GIRODEAU, à Daniel, qui regarde Eugénie, et paraît
préoccupé.
Que demandez-vous, camarade ?...
DANIEL, se remettant.
Plaît-il ?...
GIRODEAU, il s'est assis à la table, *
Que demandez-vous ?...
DANIEL.
Moi !
GIRODEAU.
Oui... vous...
DANIEL, à part.
Dire qu'un père, comme celui-là... a une fille
si bien... si...
GIRODEAU.
Hein ! vous dites ?...
DANIEL.
Plaît-il ?...
GUSTAVE.
C'est pour le visa de sa feuille de route...
GIRODEAU.
Eh bien ! où est-elle ?...
DANIEL, regardant Eugénie.
Voilà pourtant comme elle serait aujour-
d'hui...
GIRODEAU.
Qui ça ?...
DANIEL.
Plaît-il ?
GIRODEAU.
Dites donc, militaire... si vous vouliez bien...
DANIEL, soupirant.
Ah !
GIRODEAU.
Militaire... eh bien !... cette feuille de route...
donnez-la donc ?...
DANIEL, ouvrant l'étui.
Ah ! oui... tout de suite...

* Girodeau, Daniel, Gustave, Eugénie.

DANIEL LE TAMBOUR.

GIRODEAU.
Enfin... c'est fort heureux !
DANIEL, lui donnant ses papiers.
Et tous les accessoires... états de service, certi-
ficats d'honnêteté... En veux-tu... en voilà !...
GUSTAVE, à Eugénie, avec une galanterie un peu
dégagée.
Ainsi, mademoiselle, c'est librement... sans con-
trainte aucune...
EUGÉNIE.
Oui, monsieur.
GIRODEAU, à lui-même.
Ah ! ah ! il paraît que nos jeunes gens s'enten-
dent...
GUSTAVE.
Et c'est aussi sans nul regret que vous daignez
m'accorder cette charmante main ?
DANIEL, à part, voyant qu'Eugénie hésite à répondre.
Elle n'a pas l'air trop pressé...
GUSTAVE.
Eh bien ?
EUGÉNIE.
Oui, monsieur...
GUSTAVE, avec joie.
Il serait vrai ? Comment, aimable Eugénie,
tant de bontés.   (Il lui prend la main.)
DANIEL, voyant l'émotion d'Eugénie.
Hein ? qu'a-t-elle donc ?... on dirait...
EUGÉNIE, à Gustave, en cherchant à dégager sa main.
Monsieur !...
DANIEL, qui a examiné toujours Eugénie.
Mais oui... elle pâlit...
GIRODEAU.
Qui ?
DANIEL.
Vous ne voyez donc pas ?...
GIRODEAU.
Quoi ?
DANIEL.
Ses jambes fléchissent...
(Il jette son bâton et court à Eugénie.)
GUSTAVE.
O ciel !
GIRODEAU, se levant.
Eh bien ! quoi ?... Où va-t-il donc ?...
DANIEL, qui soutient Eugénie.
Vite ! une chaise... (A Girodeau.) Donnez donc
une chaise !
GIRODEAU.
Qu'est-ce qu'il y a ?...
DANIEL.
Elle se trouve mal !...
GIRODEAU.
Ah ! bah ! ça ne sera rien... c'est l'émotion...
Feu Mme Girodeau, le jour de notre union...
(Gustave a apporté une chaise et aidé Daniel à asseoir
Eugénie.)
DANIEL, à Girodeau.
Eh ! il s'agit bien... Avez-vous un verre... un

2.

flacon de quelque chose... un peu d'eau, de vinai-
gre... Cherchez donc... ouvrez la fenêtre... re-
muez-vous donc...

GIRODEAU, qui va, vient et tourne d'un air hébété.

Oui, oui, oui...

DANIEL, frappant du pied.

Mais dépêchez-vous... (Voyant Eugénie qui revient
à elle à l'aide d'un flacon que Gustave a trouvé sur la
cheminée.) Non, restez! c'est fini! restez!

GIRODEAU, s'arrêtant.

Ah! ça! mais, militaire, je crois que vous vous
permettez de me faire... marcher...

DANIEL.

Je ne vous fais pas marcher... puisque je vous
dis de rester...

GIRODEAU.

Et de quel droit, s'il vous plaît? (S'approchant.)
Qui est-ce qui?...

DANIEL, l'écartant.

N'obstruez donc pas... vous voyez bien qu'il faut
de l'air...

GUSTAVE, à Eugénie.

Comment vous trouvez-vous?...

GIRODEAU.

Très bien... très bien...

DANIEL.

Ce n'est pas à vous qu'on demande ça!...

GIRODEAU.

Paix! (A Gustave.) Je vous disais..., ça n'était
rien... (A Eugénie qui se lève.) N'est-ce pas, mon
enfant?...

EUGÉNIE, s'efforçant de sourire.

Oui, mon père!...

DANIEL, à part.

Oui... va... crois ça...

GIRODEAU.

Du courage... Oubliez un ingrat qui ne méritait
pas... Du courage...

EUGÉNIE.

J'en aurai, mon père... Vous m'avez dicté mon
devoir, je le remplirai.

GIRODEAU.

C'est ça... (A Gustave.) Et maintenant que vous
savez ce que vous vouliez savoir... n'attendons pas
davantage... Voyez votre oncle... j'espère qu'il
aura trouvé le moyen de terminer aujourd'hui...
Pendant ce temps-là, Eugénie va se préparer. (A
Daniel.) Et toi, ta feuille est prête... décampe...

DANIEL, allant prendre sa feuille et ses papiers.

C'est bon!

GUSTAVE.

Si vous passez par la cantine, camarade, ne vous
gênez pas...

DANIEL.

Merci, mon officier.

GIRODEAU.

Allons, allons!

GUSTAVE.

AIR : Valse des Farfadets. (Petits Mystères, aux Variétés,
premier acte.)

Mais je pars, à ce soir,
Et j'emporte l'espoir
Que bientôt de doux nœuds
Vont ici combler tous mes vœux.

EUGÉNIE.

En l'écoutant, quelle douleur m'oppresse!

GUSTAVE, la saluant.

Mademoiselle...

EUGÉNIE.

Hélas! que devenir?

GUSTAVE.

De m'éloigner, pardon, si je me presse,
Mais c'est afin de plus tôt revenir.

ENSEMBLE.

GUSTAVE.

Oui, je pars, etc.

GIRODEAU.

Adieu donc, à ce soir,
Je conserve l'espoir
Que bientôt de doux nœuds
Vont ici combler tous nos vœux.

EUGÉNIE.

C'en est fait, oui ce soir,
Je ferai mon devoir.
J'en mourrai, mais je veux
De mon père exaucer les vœux.

DANIEL.

Pour elle plus d'espoir;
Mais comment donc savoir
D'où vient l'chagrin affreux
Qu'elle veut cacher à leurs yeux?

GIRODEAU, à Gustave, en le conduisant.

Vous voyez... il n'y paraît plus... c'était la joie...
et l'on n'en meurt pas.

DANIEL, qui est resté les yeux fixés sur la porte par
laquelle Eugénie est sortie et roulant les papiers qu'il
tient.

La joie! il appelle ça de la joie... Il ne voit pas
que la pauvre enfant a quelque chagrin qu'elle
cache... Ah! je suis fâché de m'en aller...

∘∘∘

SCÈNE VII.

DANIEL, GIRODEAU.

GIRODEAU.

Eh bien!... que fais-tu donc?...

DANIEL, embarrassé.

Moi... rien... (A part.) Oui... j'aurais voulu la
revoir encore une fois...

GIRODEAU.

Hein?...

DANIEL.

Rien qu'une fois...

GIRODEAU.

Ah ça !... partiras-tu ?... Qu'est-ce que tu attends ?

DANIEL.

Qu'est-ce que ?... Ma feuille !... C'est ma feuille !

GIRODEAU, regardant sur la table.

Ta feuille !... mais je t'ai dit qu'elle était sur la table... Tiens ! par exemple !...

DANIEL, à lui-même, regardant la porte.

Ah ! la revoir... l'entendre... Je donnerais pour ça !...

GIRODEAU, qui cherche la feuille.

C'est inconcevable ! (La voyant dans les mains de Daniel.) Ah ça ! te moques-tu de moi ?...

DANIEL, suivant son idée.

Oh ! oui...

GIRODEAU.

Comment ?... (Prenant la feuille.) Mais la voilà ta feuille avec le visa et la signature...

DANIEL.

Oui...

GIRODEAU.

Eh bien ! qu'est-ce que tu réclames encore ?...

DANIEL.

Ce que je réclame... rien...

GIRODEAU.

Eh bien ! alors... poursuis ton chemin...

DANIEL.

C'est bon ! on s'en va !

(Il s'en va en regardant sa feuille.)

GIRODEAU.

Enfin... Je commençais à désespérer...

DANIEL, revenant.

Dites donc, magistrat ?...

GIRODEAU.

Encore... Tu n'es pas parti ?...

DANIEL.

Dites donc.. Et le.. (Il fait le geste de mettre le cachet.) le... Comment appelez-vous ça déjà... la chose... le timbre...

GIRODEAU.

Ah ! le sceau... le sceau de la commune... C'est vrai !... j'avais oublié... Après ça... ma signature !...

DANIEL, lui donnant la feuille.

C'est égal !... mettez toujours... (A part.) Si elle pouvait venir... (Haut.) J'aime mieux être en règle... et si vous en avez un...

GIRODEAU, qui cherche dans le tiroir du bureau.

Certainement... Crois-tu que dans mon administration municipale...

DANIEL.

Il n'y ait pas un sceau... C'est juste !

GIRODEAU.

C'est juste ! mais à présent, il s'agit de savoir où Bertaud a mis ..

DANIEL.

Bertaud ?...

GIRODEAU.

Eh ! oui... le garçon de la mairie, chargé de serrer la boîte au tampon... (Se rappelant.) Ah ! dans le coffre du couloir... (Il va ouvrir la porte à gauche, elle résiste.) Allons ! qui diable ! empêche donc ?... (La porte cède, il se baisse et attire une caisse de tambour.) Ah ! c'est le tambour...

(Il entre dans le couloir.)

DANIEL, examinant le tambour.

Et joli !... et bien ficelé... en voilà de l'ouvrage... Ah ! mon Dieu ! peut-on arranger un instrument... Comment voulez-vous que ça se fasse entendre !...

GIRODEAU, qui rentre avec une boîte.

Qu'est-ce qu'il a ?

DANIEL.

Vous ne voyez donc pas qu'il est pulmonique vot' tambour'... Tenez... (Il frappe dessus.) Ça n'a pas le souffle... Vrai... ça fait pitié... C'est dommage... il n'est pas mal conformé... en avec un peu de soins... (Il serre les cordes en les tirant.) Mais quel est donc le sauvage... le bédouin...

GIRODEAU, qui a préparé le tampon.

C'est Bertaud !...

DANIEL.

Ah bien ! où est-il donc ?... que je lui fasse mon compliment ?...

GIRODEAU.

Il est parti !...

DANIEL, s'arrêtant.

Parti !...   (Il pose la caisse par terre.)

GIRODEAU.

Oui... ce matin...

DANIEL.

Parti !... (Regardant la porte d'Eugénie.) Et alors... vous disiez, je crois, que ce Bertaud était ?...

GIRODEAU.

Tambour de la commune.

DANIEL.

Et garçon ici ?

GIRODEAU.

Oui...

DANIEL.

Alors... si quelqu'un... qui est maître de son temps... et de ses actions... et à qui, c'est égal, à présent, de vivre ici ou ailleurs... se proposait pour le remplacer ?...

GIRODEAU.

Connaîtrais-tu ?

DANIEL, saluant militairement.

Présent !

GIRODEAU.

Toi !... Tu sais donc taper du tambour ?...

DANIEL.

Ah ben !... Cette bê... Vous ne savez donc pas lire, vous ?

GIRODEAU.

Hein ?...

DANIEL, montrant la feuille.

Dame ! c'est dans mon signalement... Signes particuliers... ex-tambour...

GIRODEAU, lisant la feuille.

Ah !...

DANIEL, se posant.

Vous n'êtes pas sans avoir entendu parler de la charge... du col de Mouzaïa ?...

GIRODEAU.

Plaît-il ?...

DANIEL.

Eh bien ! c'est moi, qui la battais...

(Il prend la caisse.)

GIRODEAU.

La Mouzaïa !... Eh ! pourquoi ? qu'est-ce qu'elle t'avait fait ?...

DANIEL, le regardant.

Ah ! si nous en sommes encore là de notre histoire de France ?... merci... Bref, si vous doutez... (Il prend la caisse d'une main, une baguette de l'autre et fait un appel.)

GIRODEAU, se bouchant les oreilles.

Assez !... Bien, bien...

DANIEL.

Voilà, si vous êtes content et satisfait, je vous demande la préférence ! Vrai, vous me ferez plaisir... et vous ne vous en repentirez pas...

GIRODEAU.

Eh bien ! soit !...

DANIEL.

Ah !   (Il veut faire un roulement.)

GIRODEAU, se bouchant les oreilles.

Bien, bien, merci !...

DANIEL.

Oui, mon maire !...

GIRODEAU.

Et pour commencer... je t'investis du tampon et du noir du gouvernement... Entre en fonction en apposant toi-même le sceau sur ta feuille de route !...

DANIEL.

Pas la peine ! puisque je reste !...

GIRODEAU.

Ah ! tiens ! que je suis donc...

DANIEL.

C'est vrai !...

GIRODEAU.

Alors remets tout ça en place dans le couloir...

DANIEL, qui porte le tambour d'abord.

Suffit ! (A part, sortant par le gauche.) Je la reverrai !...

ooooooooooooooooooooooooooooooooooooooooooooooooooooooo

SCÈNE VIII.

LES MÊMES, GUSTAVE.

GUSTAVE, entrant précipitamment par le fond.

Ah ! le voici !...

GIRODEAU.

Eh bien ?...

GUSTAVE.

Eh bien ! vous aviez raison... mon oncle a trouvé le moyen de tout arranger...

GIRODEAU.

Quand je vous disais...

GUSTAVE, apercevant Daniel qui vient chercher la boîte.

Ah !

DANIEL.

Oui, c'es mtoi, lieutenant... Faites pas attention ! je suis de la maison...

(Pendant ce qui suit, il arrange le tampon dans la boîte.)

GIRODEAU, à Gustave.

Ah ça !... comment, votre oncle ?...

GUSTAVE

La chose du monde la plus facile. . Si j'avais réfléchi... mais enfin... nous sommes ici à cinq minutes de la citadelle... il en faut au moins dix à la voiture du général pour monter la côte... il s'agit donc tout simplement de nous faire avertir à temps...

GIRODEAU.

Oui...

GUSTAVE.

Eh bien ?... des tambours placés de distance en distance (Il désigne le fond à droite et à gauche.) veilleront sur la hauteur... le premier qui apercevra la voiture battra aux champs... le général croira que c'est pour lui faire les honneurs... les autres tambours imiteront le premier, et ainsi de suite, jusqu'à ceux de la citadelle... Nous les entendrons... et comme nous aurons deux fois le temps de courir et d'arriver à notre poste, nous serons sous les armes...

GIRODEAU.

Et l'inspecteur ?...

DANIEL.

Enfoncé !...

GIRODEAU.

Oui... (Se retournant.) Ah ! ça... si tu voulais bien, toi...

DANIEL.

Faites pas attention... je suis de la maison...

GIRODEAU.

Tu es .. tu es... (Montrant la boîte au tampon.) Et cette boîte ?...

GUSTAVE.

Mais il faudrait vous hâter... mon oncle, les témoins ne tarderont pas à venir, ainsi que le maire, qui est de retour.

(Il va regarder au fond.)

GIRODEAU.

De retour ?... Bravo, je pourrai partir demain et aller annoncer à M. le marquis... le succès... (A la cantonade.) Marianne ! mademoiselle Eugé-

nie est-elle prête ?... Oui. (A Gustave.) Alors...
venez... nous la prendrons pour la conduire dans
la grande salle... Vite, vite...

GUSTAVE.

Voilà... voilà...

(Ils sortent vivement par la droite.)

○○

SCÈNE IX.

DANIEL, seul.

Vite ! vite... sont-ils pressés, donc ! se dépê-
chent-ils !... Et tout ça pour sacrifier une paûvre
jeune fille... pour lui faire épouser un homme
qu'elle n'aime pas... Bon enfant, possible... mais
enfin... un sans souci... j'ai bien vu ça tantôt...
un écervelé... qui ne comprendra pas... C'est indigne... Et c'est un père... qui fait une pareille
abomination... il va la marier malgré elle... sous
prétexte qu'il en a le droit... (Avec colère.) Oh !
je ne suis qu'un pauvre soldat... mais si j'avais
retrouvé ma... (Il s'arrête et regarde autour de lui.)
Si le bon Dieu l'avait permis ! Oh ! oui, je ne suis
qu'un pauvre diable, mais tout ce que j'aurais pu
faire... pour lui épargner une peine... un chagrin... (S'asseyant avec découragement.) Mais jamais... à présent... jamais... Ah ! si du moins je
pouvais oublier... effacer de là... mais non... j'ai
beau faire... Et aujourd'hui encore, en voyant
cette jeune fille... si belle... si résignée... et
puis le même âge, et presque le même son de
voix... Il n'y a pas à dire... en l'écoutant... je me
rappelle si bien... et pourtant il y a dix-sept ans
de ça !... dix-sept ans ! Ah !... Il me semblait...
quand je me regarde surtout... oui... il me semble qu'il y en a plus de cinquante... il n'y a que
ça... (Il montre son cœur.) qui n'a pas vieilli...
Malgré le chagrin... il est le même, toujours...
quand il pense à celle... morte... si jeune !

(Il reste accablé et essuie une larme.)

○○

SCÈNE X.

DANIEL, ÉDOUARD.

ÉDOUARD, entrant par le fond et regardant à droite.

Tant de monde réuni à cette heure ! que signifie ?... (Apercevant Daniel.) Ah ! quelqu'un !
Dites-moi, l'ami ?...

DANIEL, se retournant.

Hein ?

ÉDOUARD.

Eh ! mais, que vois-je ?

DANIEL, avec joie.

Monsieur Édouard ?

ÉDOUARD, de même.

Toi ici, mon vieux !

DANIEL.

Faites pas attention... je suis de la maison...

ÉDOUARD.

J'en suis ravi... Moi, qui te croyais enterré à
Mascara ?

DANIEL.

Où vous m'aviez fait transporter sur votre che-
val... après la fameuse charge du col de...

ÉDOUARD.

Ce brave Daniel !

DANIEL.

AIR : J'en guette un petit de mon âge.

Dam ! vous m'avez sauvé la vie...
Un officier, c'est beau d'vot' part au moins...
Sans vous, ma foi, la paie était finie...
   Enterré sous l'sol des Bédouins !

ÉDOUARD.

Un officier ! eh ! qu'importe ? à la guerre,
   Quand on est si près du trépas,
   Mon cher, officiers et soldats
   Sont égaux... Je sauvais un frère...
   En toi... je ne voyais qu'un frère !

D'ailleurs..... Je te devais bien ça.... depuis le
jour...

DANIEL.

Oh ! motus là dessus... Le passé est passé, mon
capitaine !

ÉDOUARD.

Ton commandant même, si tu veux !...

DANIEL.

Commandant ! Après ça... vous ne l'avez pas
volé...

ÉDOUARD.

N'est-ce pas ? et pourtant j'aurais pu encore
attendre assez long-temps sans une circonstance
assez bizarre... A mon retour d'Afrique, j'avais
été envoyé en garnison ici près, au fort de la
Hougue... Il y a un mois, j'ai reçu un brevet de
chef d'escadron et l'ordre de retourner aussitôt à
Alger... ce qui m'a vivement contrarié, affligé...

DANIEL.

A cause ?...

ÉDOUARD.

Ah ! des projets qu'il fallait abandonner en m'é-
loignant d'ici... Une jeune personne charmante...

DANIEL.

Tiens ! est-ce que par hasard Mlle Eugénie ?...

ÉDOUARD.

Comment ! tu saurais ?...

DANIEL.

Allez toujours...

ÉDOUARD.

Eh bien !... oui... c'est pour elle ; et j'ai appris
que c'était à la sollicitation d'un certain marquis
de Gerville...

DANIEL, frappé.

De Gerville!

ÉDOUARD.

Quoi donc?

DANIEL.

C'est que... ce nom-là! de Gerville... Il me semble que ce n'est pas la première fois...

ÉDOUARD.

Je sus enfin qu'on avait employé la ruse... ourdi un complot pour m'éloigner.

DANIEL.

Voilà... je le disais bien... Je comprends tout à cette heure.

ÉDOUARD.

Mais on n'y réussira pas... et je reviens...

DANIEL.

Un peu bien tard, mon commandant.

ÉDOUARD.

Comment?

DANIEL.

Dame! vous savez, les absens ont tort... (Mouvement d'Édouard.) Et dans ce moment même... Mlle Eugénie, pour obéir à M. Girodeau, son père!... (Il montre la salle de droite.)

ÉDOUARD.

Son père! Oh! le baron de Prangey, mon parent, qui connaît la famille d'Eugénie... m'a révélé à cet égard un secret... dont il a cru ne devoir me dire qu'une partie... Le marquis de Gerville, a-t-il ajouté, pourrait seul compléter les renseignemens...

DANIEL.

De Gerville!

ÉDOUARD.

Qu'as-tu donc?

DANIEL.

Rien... rien... mon commandant, mais...

ÉDOUARD, prêtant l'oreille.

Écoute! (Il va au fond.) Daniel! vois donc ces officiers...

DANIEL.

Oui... les témoins... qui arrivent pour le mariage...

ÉDOUARD.

Le mariage! Quoi! Eugénie...

DANIEL.

Eh oui! C'est pour ça qu'ils sont tous là-bas... Mais il faut l'empêcher, n'est-ce pas?... elle serait trop malheureuse... Et puisque vous l'aimez...

ÉDOUARD.

Si je l'aime! Plus que ma vie...

DANIEL.

Oh! bien, alors... il n'y a plus à hésiter... Laissez-moi faire.

ÉDOUARD.

Quel est ton dessein?

DANIEL, qui réfléchissait.

Oui... oui... c'est ça... Restez ici... et avant

deux minutes... le mariage... Il est vrai que demain, mais demain... comme on dit... il fera jour...

ÉDOUARD.

Mais...

DANIEL.

Mais... Laissez-moi donc faire... je réponds de tout...

(Il sort vivement par le couloir où il a déposé le tambour.)

<hr>

SCÈNE XI.

ÉDOUARD, seul.

Où va-t-il?... Quel est donc son projet?... S'il n'allait pas réussir... si ce mariage... Eugénie! comment a-t-elle pu consentir... Ils m'auront accusé, calomnié à ses yeux... Ah! si je n'écoutais que mon indignation... ma colère... j'irais à l'instant même... Oui... c'est trop attendre... je vais demander compte à ce Girodeau... (Il se dirige vers la droite, et s'arrête en entendant au dehors le bruit d'un tambour qui bat aux champs.) Hein? (Presque aussitôt un tambour plus éloigné bat comme le premier.) Je ne me trompe pas... on bat aux champs... (Un troisième tambour, puis d'autres encore, battent comme les précédens.) Et ces tambours se rapprochent du fort... Que signifie... (On entend plusieurs tambours partir à la fois du côté de la citadelle.) C'est une prise d'armes... (Rumeurs à droite.) Eh! que vois-je?... tout le monde quitte la salle précipitamment!

<hr>

SCÈNE XII.

LES MÊMES, DANIEL, puis GIRODEAU, EUGÉNIE, MARIANNE, JARDINIERS.

DANIEL.

Eh! allez donc! Le futur, l'oncle, les témoins, le Girodeau... enfoncés sur toute la ligne!... Déroute complète, sauve qui peut général, total et universel!...

ÉDOUARD.

Comment se fait-il?

DANIEL, montrant ses baguettes.

Par la vertu de mes baguettes. (Voyant entrer Girodeau.) Oh!...

(Il cache ses baguettes derrière lui et va les jeter dans le couloir.)

GIRODEAU, entrant tout étourdi.

Mais, grands Dieux! quel événement!... Et ce maudit inspecteur... arriver juste au moment où M. le maire... (Apercevant Édouard.) Ah! (Il reste ébahi.) monsieur le comte...

EUGÉNIE.

Ciel !... monsieur Édouard !

GIRODEAU, la retenant.

Eugénie !

ÉDOUARD.

Oh ! n'espérez pas l'abuser et nous séparer encore... Je l'aime...

GIRODEAU.

Monsieur le comte... parler ainsi devant moi à ma fille !

ÉDOUARD.

Mademoiselle n'est pas votre fille !...

EUGÉNIE.

Grand Dieu !...

GIRODEAU, stupéfait.

Je ne suis pas?...

ÉDOUARD.

Mais puisque vous pouvez disposer de sa main... Je viens vous la demander...

GIRODEAU, à part.

Oh ! quelle idée ! (Haut.) Eh bien ! monsieur le comte, je suis loin de repousser... Mais vous concevez... en ce moment... il serait difficile !

DANIEL, à part.

Oh ! s'il était vrai !...

GIRODEAU.

Mais demain matin... à dix heures j'aurai l'honneur de vous donner une réponse positive...

ÉDOUARD, avec joie.

Ah !

(Il profite de ce que Girodeau va à Daniel pour parler à Eugénie. — Il lui parle bas.)

GIRODEAU, à Daniel.

Va faire préparer une voiture... Nous partons.

DANIEL.

Hein ?

GIRODEAU.

A minuit !...

DANIEL, à part.

Partir !... Ah ! fallût-il faire vingt-cinq mille kilomètres... je la suivrai...

(Les tambours, qui ont continué de battre pendant toute la scène, se rapprochent. — Girodeau se bouche les oreilles. — La musique de l'orchestre va crescendo. — Le rideau baisse.)

ACTE DEUXIÈME.

Un riche salon chez le marquis. Porte au fond, ouvrant sur un jardin anglais. Fenêtre, etc.

SCÈNE I.

LE MARQUIS, GIRODEAU, ÉTIENNE.

(Au lever du rideau, le marquis, en robe de chambre et coiffé d'un foulard, se promène avec la plus grande agitation.)

GIRODEAU.

Qu'ordonne monsieur le marquis?

LE MARQUIS, avec colère.

Eh !... le sais-je moi-même?... Donnez-moi donc le temps... car, en vérité je ne sais plus... Tant d'événemens imprévus... Ce mariage rompu... Tout cela me bouleverse...

GIRODEAU, qui se prépare à prendre une prise tranquillement.

Il y a de quoi...

LE MARQUIS, le regardant.

Vous trouvez? Eh bien ! alors... pourquoi êtes vous là... calme... paisible... au lieu de m'aider?.. C'est vrai... ça me voit dans une perplexité inouïe... et c'est là... à priser... (Il prend lui-même une prise vivement.) après m'être venu annoncer tranquillement...

GIRODEAU.

Tranquillement?... quand nous avons couru la poste jour et nuit... au grandissime galop... patapon... patapon...

LE MARQUIS.

Eh !... (Au domestique qui paraît à droite.) Eh bien !... cette coiffure... en finirons-nous ?..

ÉTIENNE, qui arrange un toupet blond, frisé à la mode.

Tout de suite, monsieur.

LE MARQUIS, à lui-même.

Un plan si bien combiné... Car enfin... Eugénie mariée à ce petit lieutenant Dubourg qui, moyennant la dot de deux cent mille francs... donnait quittance générale...

ÉTIENNE.

Si monsieur le marquis veut ôter son foulard?

LE MARQUIS.

Bien... bien... (A lui-même.) Je restais naturellement maître de l'immense héritage de feu ma sœur la comtesse de Boisrioul. (Il va pour ôter son foulard et regarde autour de lui. — A Étienne.) Voyez si personne... (Étienne va fermer au fond.) Ma fortune ainsi doublée, je faisais dresser aujourd'hui même mon contrat de mariage avec la duchesse de Champrigaud... un parti magnifique !

(Voyant Étienne qui est revenu à lui avec le toupet, il ôte son foulard.)

GIRODEAU, à part,

Le beau crâne!

LE MARQUIS, qui met son toupet.

Et pas du tout... c'est à recommencer... (A Girodeau.) Grâce à votre maladresse...

GIRODEAU.

Mais il n'y a pas eu de ma faute...

LE MARQUIS.

Eh! si... vous aurez fait quelque bévue... Où diable aussi avais-je l'esprit d'aller choisir... Ces gros êtres n'ont pas le moindre tact... (A Étienne.) Mon habit... (Étienne rentre à droite. — A Girodeau.) Et puis cette idée de m'amener ici... chez moi, dans mon hôtel, cette jeune fille... je vous demande un peu toutes les suppositions...

GIRODEAU.

M. le comte de Trécy étant revenu là-bas... je ne pouvais pas y laisser votre niéce...

LE MARQUIS, vivement.

Malheureux! (Lui serrant le bras et regardant du côté du cabinet où est Étienne.) Voulez-vous bien vous taire! Oubliez-vous que je vous ai défendu de donner ce titre...

GIRODEAU, tremblant.

Oui, monsieur le marquis...

LE MARQUIS.

Ne l'oubliez plus... si quelqu'un se doutait ici!.. Et voilà ce qui n'eût pas manqué d'arriver s'il avait fallu traiter de ce mariage avec une famille aussi puissante que celle des Trécy...

GIRODEAU.

Oui... oui... ceux-là auraient eu plus que M. Gustave le droit de se montrer curieux...

LE MARQUIS.

Mais comment le comte a-t-il pu savoir?... Sans doute quelque indiscrétion de ce vieil ami de ma sœur, le baron de Prangey... Mais je vais prendre des mesures... Et d'abord, puisque vous êtes parti sans que M. de Trécy le sache... Vous en êtes sûr au moins?...

GIRODEAU.

Oh! pour ça, monsieur le marquis...

LE MARQUIS.

C'est bien! Il se passera quelques jours sans doute avant que le comte ait découvert vos traces... j'en profiterai pour mettre Eugénie à l'abri de ses poursuites...

GIRODEAU.

Où cela donc?

LE MARQUIS.

Je connais particulièrement la supérieure du couvent de Sainte-Marguerite, au Marais...

GIRODEAU.

Un couvent?..

LE MARQUIS.

Eh bien! quoi?...

GIRODEAU.

C'est que... maintenant qu'elle connaît les vues

de M. de Trécy... je crains que mademoiselle Eugénie ne refuse de me suivre...

LE MARQUIS.

Diable! une esclandre! du bruit... Il faut éviter cela à tout prix! Faites la venir... je lui parlerai...

GIRODEAU, allant à gauche.

Oui!.. oui!... j'aime mieux ça...

LE MARQUIS.

Et il s'agit bien, vraiment, de ce que vous aimez ou n'aimez pas, monsieur...

GIRODEAU, qui a ouvert la porte de gauche, appelant.

Daniel!...

SCÈNE II.

LES MÊMES, DANIEL, puis EUGÉNIE.

DANIEL.

Présent!... à l'ordre! notre maire!...

GIRODEAU.

Chut!... pas si haut donc!

DANIEL.

Vous avez la migraine?.. Excusez...

GIRODEAU.

Eh!... que fait mademoiselle Eugénie... que dit-elle?..

DANIEL, haut.

Ce qu'elle dit... (Girodeau lui fait signe de baisser la voix.) Ah!... oui... pardon... Ce qu'elle dit, mon Dieu! toujours la même chose, depuis hier... rien... des demi-mots... vous savez...

GIRODEAU, au marquis.

Le fait est...   (Il lui parle bas.)

DANIEL, à lui-même.

C'est pourtant vrai... impossible de rien savoir... avec ça que c'est tout au plus si j'ose l'interroger .. Malgré son air affable et bon... il y a en elle quelque chose qui vous...

LE MARQUIS, à Girodeau.

Eh! elle me répondra à moi .. (A Daniel.) Dites-lui de venir!...

DANIEL.

Hein? plaît-il?...

(Il paraît frappé et l'examine.)

LE MARQUIS.

Eh bien?

DANIEL, à lui-même, regardant les jambes du marquis.

Ah! c'est drôle!

GIRODEAU.

Entendez-vous ce que vous dit M. le marquis...

DANIEL, à part.

Un marquis!.. et l'autre était... Ça n'est pas ça...

LE MARQUIS, à Girodeau.

Est-ce qu'il est sourd?...

DANIEL.

Moi!... non, monsieur.... (A Girodeau.) Et puis j'oubliais... toujours aussi... des gros soupirs... des gros chagrins...

(Étienne rentre avec un habit.)

GIRODEAU, au marquis.

Vous voyez ?...

LE MARQUIS.

C'est bien... on la consolera là-bas... (A Daniel.) Allez la chercher... (Il ôte sa robe de chambre.)

DANIEL.

Oui, monsieur ! (A part.) Là-bas !.. Où veulent-ils l'envoyer ?...

LE MARQUIS, se retournant.

Eh bien?

DANIEL.

Oui, monsieur... (A part en s'éloignant et regardant les jambes du marquis.) Il n'y a pas à dire... absolument le même genre de plantation...

(Il va ouvrir la porte à gauche.)

LE MARQUIS, à lui-même mettant son habit.

Mais quel contre-temps!

SCÈNE III.

LES MÊMES, EUGÉNIE.

DANIEL, à Eugénie qu'il fait entrer.

Du courage, mademoiselle !

LE MARQUIS, à Eugénie.

Approchez!

DANIEL, bas à Eugénie, qui hésite et tremble.

Allez... et ne craignez pas... je serai là!...

LE MARQUIS.

Avancez donc... (A Daniel.) Laissez-nous !...

DANIEL, déconcerté.

Ah !

GIRODEAU.

Allez donc !...

DANIEL.

Oui... oui...

LE MARQUIS, à Eugénie.

Asseyez-vous !...

(Il s'assied.—Daniel avance une chaise pour Eugénie.)

DANIEL, à part, en s'en allant.

Diable ! (Il cherche à voir par la fenêtre.) Pourvu que le corps de réserve soit arrivé... Si j'allais voir... pour le lancer au bon moment...

(Voyant Girodeau venir à lui, et feignant de chercher et de tourner le bouton de la porte.)

GIRODEAU.

Eh bien !... mais qu'est-ce que vous faites encore.

DANIEL.

Ah ! voilà !... je cherchais... la machine... de la... chose...

(Il sort en faisant un signe d'encouragement à Eugénie.)

SCÈNE IV.

LES MÊMES, excepté DANIEL.

LE MARQUIS, à Eugénie.

Hum !... Vous connaissez, mademoiselle... les motifs qui ont déterminé M. Girodeau à quitter la Normandie avec vous ?

EUGÉNIE.

Monsieur !

LE MARQUIS.

Il s'agissait... vous le savez maintenant, de vous séparer d'une personne dont le retour pouvait compromettre les projets formés par M. Girodeau et par moi, pour assurer votre avenir et votre bonheur.

EUGÉNIE.

Mon bonheur!... Ah ! monsieur !... peut-il en être pour moi désormais ?...

LE MARQUIS.

Comment cela ?...

EUGÉNIE.

Vous me le demandez, monsieur... à moi, qui, hier encore, me croyais une famille... un nom... et qui tout à coup, sans qu'on daigne rien me dire ni rien m'expliquer...

LE MARQUIS.

Des motifs graves s'y opposent...

EUGÉNIE.

Oh ! monsieur, de grâce... vous qui savez, qui connaissez... (Mouvement du marquis.) Oh! oui, M. Girodeau m'a dit que si vous jugiez à propos de m'instruire...

LE MARQUIS, à Girodeau, qui est assis près de la table à droite. — Sévèrement.

Vous avez dit ?

GIRODEAU.

Non pas précisément... Seulement, dans un instant où elle pleurait... et que je...

LE MARQUIS.

Taisez-vous ! (A part.) Quelle poule mouillée.

EUGÉNIE, le priant.

Monsieur le marquis !

LE MARQUIS.

Impossible... Ce secret que vous me demandez... je me suis engagé envers vos parens, auxquels m'unissaient des liens... d'amitié... de pure amitié !

EUGÉNIE, avec abattement.

Ainsi... ils m'abandonnent...

LE MARQUIS.

Calmez-vous...

(Girodeau attendri, tire son mouchoir.)

EUGÉNIE.

Mais cela ne se peut pas... Non... n'est-ce pas ?... monsieur... S'ils ne viennent pas à moi... c'est qu'ils ne vivent plus... sans cela, ils n'auraient pas le courage de me fermer leurs bras... de me délaisser...

LE MARQUIS.

Encore une fois, calmez-vous ! (A Girodeau qui se mouche.) Taisez-vous donc !

EUGÉNIE.

Monsieur !... je vous en supplie... dites-moi seulement s'ils existent encore... si le ciel me les a conservés... Je le prierai si ardemment de toucher leur cœur... Que leur ai-je donc fait pour me repousser, moi, leur enfant ?...

LE MARQUIS, contrarié et troublé, à part.

Hum ! hum ! est-ce que je vais aussi...

GIRODEAU.

Quand je vous disais...

LE MARQUIS, bas.

Paix donc ! (Haut.) J'aurais désiré, ma chère demoiselle, vous épargner un nouveau sujet d'affliction... Mais... puisque vous insistez... je dois vous avouer... qu'en effet... vos parens...

EUGÉNIE, avec douleur.

Ils ne sont plus !

LE MARQUIS, vivement.

Mais nous avons promis de veiller sur vous... de vous protéger...

EUGÉNIE.

Seule !... seule la terre !...

LE MARQUIS.

Seule ! non... puisque nous sommes là !...

EUGÉNIE.

Et lui.. M. Édouard, mon dernier, mon unique appui... si loin de moi, séparés pour toujours !...

LE MARQUIS.

Nous avons dû agir ainsi dans votre intérêt... Je ne vous fais point de reproches... vous le voyez ! et cependant votre refus d'accepter l'époux que nous avions choisi... cet amour imprudent que votre position vous faisait une loi de combattre, de chasser de votre cœur...

EUGÉNIE.

Ah ! jamais !

LE MARQUIS.

Hein ! il faudra pourtant bien...

EUGÉNIE.

Il m'aime, monsieur, je lui ai engagé ma foi !..

LE MARQUIS, souriant.

Oh ! oh ! idées de jeunes filles... rêve de pensionnaire, dont le temps nous fera raison... (Dénégation muette d'Eugénie.) Ou, si vous m'y contraignez, mademoiselle... il faudra bien vous dire que vous garderiez là un fol espoir... Vous ne pouvez pas être... vous ne serez jamais la femme de M. le comte de Trécy... (Mouvement d'Eugénie.) Jamais.. car en apprenant qui vous êtes... sa noble famille...

GIRODEAU, bas.

A moins que l'immense fortune de mademoiselle...

LE MARQUIS.

Vous tairez-vous? (A part.) L'imbécile! (Haut.) Sa famille tout entière... et M. Édouard lui-même, le premier, repousserait cette union !

EUGÉNIE, le regardant.

Et pourquoi?... Qui suis-je donc enfin, pour qu'on me repousse ?...

LE MARQUIS.

C'est ce que je ne puis révéler sans porter atteinte à l'honneur d'une famille... à celui d'une personne dont la mémoire doit vous être sacrée.

EUGÉNIE.

O ciel !

LE MARQUIS.

Jugez, maintenant, jugez... vous, sa fille, si je dois parler...

EUGÉNIE, accablée.

Ah !...

LE MARQUIS.

Vous voyez bien que la révélation de ce secret vous forcerait à rougir devant M. de Trécy, et vous exposerait, vous et les vôtres, aux affronts et aux mépris de sa famille !...

EUGÉNIE, se levant.

Assez, ah ! monsieur, assez... Édouard me mépriser !...   (Elle cache sa tête dans ses mains.)

LE MARQUIS.

Je comprends votre douleur... j'y compatis sincèrement... Mais, comme vous ne pouvez pas rester chez moi... M. Girodeau va vous conduire auprès de quelqu'un... qui, sur ma recommandation, vous accueillera avec tout l'intérêt que vous méritez !

GIRODEAU.

Une maison, du reste, qui... (Le marquis le regarde.) Une maison très bien... des dames très respectables...

EUGÉNIE.

Oui, monsieur !...

LE MARQUIS.

Vous consentez ?... fort bien... Alors je vais écrire sur-le-champ pour vous recommander bien particulièrement...

ÉTIENNE, paraissant à la porte du fond.

M. le comte Édouard de Trécy demande...

EUGÉNIE.

O ciel !

LE MARQUIS.

M. de Trécy à Paris ! déjà ?

GIRODEAU.

Ça ne se peut pas... ça ne se peut pas... Il aurait donc su ?

LE MARQUIS.

Parbleu ! vous aurez laissé échapper devant lui !...

GIRODEAU.

Je vous proteste !...

LE MARQUIS.

Eh ! (A Étienne.) je n'y suis pas...

ÉTIENNE.

C'est que... on a dit le contraire...

LE MARQUIS.

Et qui donc s'est permis?...

ÉTIENNE.

Je ne sais pas, monsieur, mais M. le comte est
là !...

LE MARQUIS.

Diable ! je ne puis sans impolitesse... (Haut.)
Faites entrer... c'est ça... Ma foi, autant en finir
tout de suite !...

(Étienne introduit Édouard et sort.)

SCÈNE V.

LES MÊMES, ÉDOUARD.

ÉDOUARD, apercevant Eugénie.

La voici !...

LE MARQUIS, allant à lui d'un air poli.

Monsieur le comte ! puis-je savoir ce qui me
procure... l'avantage...

ÉDOUARD, saluant.

Je viens, monsieur le marquis, me plaindre des
procédés indignes de cet homme...

(Il montre Girodeau.)

LE MARQUIS.

De M. Girodeau... Comment cela ?...

GIRODEAU, à Édouard.

Monsieur... j'ai dû...

ÉDOUARD.

Vous étiez la seule personne à qui je connusse
le pouvoir de disposer de la main de mademoiselle Eugénie, monsieur... Vous m'aviez assigné
un rendez-vous pour répondre à la demande que
je vous ai faite...

LE MARQUIS, jouant la surprise.

Quoi, monsieur !

ÉDOUARD.

Oui, monsieur le marquis !... (A Girodeau.) Et
n'est-il pas vrai que ce rendez-vous n'était qu'une
ruse misérable pour me séparer encore une fois
de celle que j'aime, et l'entraîner loin de moi ?...

LE MARQUIS, à Girodeau, d'un ton sévère.

Il serait possible ! monsieur Girodeau... un pareil
oubli des convenances... des égards... dus à M. le
comte !...

GIRODEAU, étonné.

Mais, monsieur le marquis sait bien...

LE MARQUIS, l'interrompant.

Silence !... N'était-il donc pas d'autre moyen
d'apprendre à M. le comte que, tout en appré-
ciant l'insigne honneur qu'il voulait bien faire à
mademoiselle... une pauvre orpheline... les obstacles insurmontables qui s'opposent à la réalisation
de ses vues...

ÉDOUARD.

Quoi, monsieur ?... mais alors, je ne puis donc
espérer... C'est un refus !...

LE MARQUIS, vivement.

Dont mademoiselle connaît les motifs .. S'ils ne
lui semblent pas suffisans... elle est parfaitement
libre...

ÉDOUARD, à Eugénie.

Mademoiselle...

EUGÉNIE, émue et troublée.

Monsieur Édouard. .

ÉDOUARD.

AIR : C'était Renaud, etc.

De vous seule, vous l'entendez,
Dépend le bonheur de ma vie...
Dites-moi que vous acceptez
Ma main, mon nom... Oh ! je vous en supplie ?..
De grâce un mot ?...

EUGÉNIE.

Je ne le puis !

ÉDOUARD.

Eugénie !

EUGÉNIE, à part.

Affreuse contrainte !

ÉDOUARD.

Vous vous taisez... Quelle est donc votre crainte?...

EUGÉNIE, à part.

Celle d'encourir son mépris.
Plutôt la mort (bis.) que son mépris !

ÉDOUARD.

Mais pourquoi enfin ?

EUGÉNIE.

Ne m'interrogez pas ?...

ÉDOUARD.

Et cependant vous m'aimez... et si vous me répondez ainsi... c'est que vous cédez à des conseils...
(Regardant le marquis et Girodeau.) à des menaces,
peut-être...

LE MARQUIS.

Ah ! monsieur ! (A Eugénie.) Mademoiselle,
veuillez dire...

EUGÉNIE.

Non... c'est librement... Monsieur Édouard !
S'il est vrai que vous m'aimez... (Mouvement d'É-
douard.) si je vous suis chère... je vous en conjure... pour mon repos... pour le vôtre... je vous
en supplie à mon tour... renoncez à moi... oubliez-moi...

ÉDOUARD.

Vous oublier !... non, non... je le voudrais en
vain... non, laissez-moi espérer... Quels qu'ils
soient, ces obstacles qui nous séparent, cesseront
peut-être un jour...

EUGÉNIE.

Jamais !

ÉDOUARD.

Jamais ?

EUGÉNIE.

Adieu !... oubliez-moi...

ÉDOUARD, avec douleur.

Ah !

AIR de Davis (deuxième acte).

ENSEMBLE.

C'en est donc fait ! plus d'espérance !
Tu me fuis, ô toi que j'aimais !
Vois mon désespoir, ma souffrance ;
Adieu donc, adieu pour jamais !

EUGÉNIE.

C'en est donc fait ! plus d'espérance !...
Il me quitte, lui que j'aimais !
O ciel ! toi qui vois ma souffrance,
Sois mon refuge désormais !

LE MARQUIS.

J'ai réussi ! plus d'espérance !
Le malheur que je redoutais,
Je l'évite par ma prudence,
Et j'assure tous mes projets !

GIRODEAU.

Oui, c'en est fait ! plus d'alliance !
Il réussit dans ses projets
Par son adresse et sa prudence,
Il ne craint plus rien désormais !

ÉDOUARD.

A son amour il faut que je renonce...

EUGÉNIE.

De votre cœur chassez mon souvenir.

ÉDOUARD, à part.

C'est mon arrêt que sa bouche prononce ;
Loin d'elle, hélas ! je n'ai plus qu'à mourir !

REPRISE DE L'ENSEMBLE.

(Daniel, qui vient de paraître au fond, dit quelques
mots à Édouard, au moment où celui-ci passe la
porte.)

LE MARQUIS, avec joie pendant ce temps-là.

Ah ! m'en voilà débarrassé !... Il quitte la
place ! (A Girodeau.) Ne perdons pas un instant...
Vite, ma lettre à la supérieure !...

(Ils sortent par la gauche.)

ooooooo ooooooooooooooooooooooooooooooooooooooooooo

SCÈNE VI.

DANIEL, EUGÉNIE.

DANIEL, à lui-même.

La supérieure !... la supé... Ah ça !... c'est donc
dans un couvent qu'ils veulent la renfermer... Ah !
si je le croyais...

(Il pousse un fauteuil avec colère.)

EUGÉNIE, sortant de sa rêverie.

Ah !...

DANIEL.

N'ayez pas peur, mademoiselle... c'est moi..
Excusez-moi... mais je n'ai pas pu me retenir en

les entendant... Serait-il donc possible... vous auriez consenti ?... ou plutôt ce sont eux qui veulent...

EUGÉNIE.

Non, monsieur Daniel !

DANIEL.

Non !... Ce serait de vous-même ?... (S'arrêtant
avec respect.) Oh ! pardon, mademoiselle... si je
me permets de vous demander ça... Mais me voir
séparé de vous... avant d'avoir pu seulement savoir... (A part.) Ah ! si j'osais...

EUGÉNIE.

Croyez que je regrette aussi... mais je ne dois
point m'éloigner sans vous avoir remercié !... (Daniel la regarde.) Vous avez été si bon pour moi,
durant ce voyage...

DANIEL.

Vous trouvez ?... Ah ! mademoiselle.... si vous
saviez le plaisir que ces paroles-là...

EUGÉNIE.

Passer toute cette nuit si froide à m'entourer
de soins... ne pas prendre un instant de repos...

DANIEL.

Reposer ! quand vous-même ! par exemple !...
Et puis l'autre... le Girodeau... qui au lieu de chercher à vous dire quelques mots de consolation...
était là dans son coin... Rien que de l'entendre...
ça aurait empêché de fermer l'œil, si on en avait
eu l'envie... Mais dormir en présence de votre
chagrin... de vos larmes ? Soyez tranquille, mademoiselle... vous ne me devez rien pour ça...

EUGÉNIE.

N'importe ! j'aurais voulu pouvoir reconnaî-
tre...

DANIEL.

Ah ! si ce n'est que ça... rien de plus facile !...

EUGÉNIE.

Que puis-je faire ?...

DANIEL, baissant la voix.

Renoncer à aller où l'on veut vous conduire...

EUGÉNIE.

Oh ! impossible ! D'ailleurs, vous vous trom-
pez... loin de redouter cet asile... je l'eusse choisi
moi-même !

DANIEL.

Cependant...

EUGÉNIE.

C'est le seul qui me convienne... (A elle-même
en soupirant.) Lorsqu'on n'a ni parens, ni amis qui
s'intéressent à vous !...

DANIEL.

Qui s'intéressent ! Ah ! mademoiselle !... Il est
vrai que depuis deux jours seulement que je suis
là... et j'ai si peu fait pour vous...

EUGÉNIE.

Ah ! vous avez raison... je suis injuste... Vous,
Daniel, qui, seul et me connaissant à peine,
m'avez déjà donné tant de marques d'attache-
ment... Mais, habituée depuis mon enfance à ne

voir autour de moi que des étrangers, des cœurs indifférens... Car, malgré moi... et comme si quelque pressentiment secret m'avait avertie qu'on me trompait... je n'éprouvai jamais pour celui-là même... qui m'appelait sa fille... cette confiance... cette tendresse !

DANIEL, à part.

Je crois bien... un Girodeau...

EUGÉNIE.

Ah ! combien de fois j'ai pleuré... combien de fois je me suis reproché mon indifférence, en disant que si mon père n'était pas pour moi ce que ceux de mes autres compagnes étaient pour leurs filles... c'est que je ne l'aimais pas assez... j'en demandais pardon à Dieu... mais maintenant...

AIR : Vous (Massini), ou Je souffre, je tremble. (Tourlourou, —Vaudeville.)

> Ah ! je puis comprendre
> D'où vient ma froideur;
> Car, sensible et tendre,
> Si toujours mon cœur,
> Sans aucun murmure,
> Fut muet, hélas !
> C'est que la nature
> Ne lui parlait pas !
> Hélas ! la nature
> Ne lui parlait pas !

DANIEL.

Pauvre enfant !

EUGÉNIE.

Oui, je suis seule au monde ; et, dans ma position, ce sera encore un grand bonheur d'être admise dans une maison honorable !...

DANIEL.

Une maison ! Mais vous ne savez donc pas ce que c'est, mademoiselle?... Un couvent... des grands murs... des portes... des grilles... (Avec chaleur.) Et vous iriez vous condamner... vous, une jeune demoiselle, bien plutôt faite pour vivre dans le monde... dans le beau monde... pour être heureuse et pour faire le bonheur d'un autre... Et au lieu de ça... tous deux... car lui aussi... je l'ai bien vu tout à l'heure, lorsqu'il est sorti d'un air désespéré... il est capable de se porter à quelque extrémité.

EUGÉNIE.

O ciel !

DANIEL.

Dame ! il vous aime tant... Je vous en prie, mademoiselle, n'y allez pas... Moi, d'abord... si vous pouviez savoir quel chagrin !...

EUGÉNIE, le regardant avec surprise.

Vous ! Mais un intérêt si grand...

DANIEL.

Ça vous étonne, je conçois... Mais si des idées... un espoir que j'ai depuis hier... si c'était vrai ! Ah ! vous comprendriez...

EUGÉNIE.

Comment?

DANIEL.

Tout à l'heure... vous disiez: Seule au monde... (Eugénie le regarde.) Eh bien ! si vous vous trompiez... s'il y avait quelqu'un...

EUGÉNIE.

O ciel ! vous pourriez?...

DANIEL.

Oh ! attendez... Ne croyez pas trop encore... Je peux me tromper à mon tour... et alors... perdre une espérance comme celle-là !... (Mettant la main sur son cœur et avec expression.) Ça ferait tant de mal !

EUGÉNIE.

Oh ! n'importe... si vous savez quelque chose... parlez...

DANIEL.

Avant tout, mademoiselle... vous-même... n'avez-vous pas un souvenir de votre enfance... Ça m'aiderait... Cherchez bien...

EUGÉNIE.

Il y a si long-temps... et tout ça est si vague... si confus...

DANIEL.

Essayez... Avant d'entrer dans votre pensionnat... avant M. Girodeau... n'aviez-vous pas connu d'autres personnes... habité quelque autre endroit ?...

EUGÉNIE.

Si... une campagne... une petite maison, entourée de jardins... où il y avait beaucoup de fleurs... puis une brave femme, ma bonne nourrice...

DANIEL.

Jamais d'autres ?

EUGÉNIE.

Une fois seulement... une vieille dame...

DANIEL.

Ah !

EUGÉNIE.

Oh ! oui... je me rappelle bien à présent... un air si bon, si respectable, si noble... (Mouvement de Daniel.) Elle me prit sur ses genoux et me regarda long-temps... bien long-temps, en répétant: Ma fille, ma pauvre enfant... Ce sont là ses traits... je crois la voir encore... Puis, tout à coup, ses yeux se remplirent de larmes... mais je l'embrassai à mon tour... et comme elle disait en souriant que ça la consolait... je l'embrassai encore beaucoup...

DANIEL.

Brave dame !... Et puis...

EUGÉNIE.

Alors elle me prit dans ses bras en disant : « Pauvre enfant ! chère petite !... je ne t'oublierai pas... quand tu seras grande, tu seras riche, heureuse... » Elle resta tout le jour avec moi... et le soir... en me quittant... elle avait un air si triste...

je voulais qu'elle restât... et je pleurai à mon tour... Elle fit tout ce qu'elle put pour m'apaiser... me promit de revenir... si le bon Dieu le lui permettait... Mais elle était bien vieille... et elle avait eu tant de chagrins !...

DANIEL.

Oui... les chagrins... ça avance...

EUGÉNIE.

Mais avant de s'éloigner, elle avait détaché de son cou un bijou en émail bleu qu'elle me donna en me recommandant de le conserver comme un souvenir d'elle...

DANIEL.

Et ce souvenir, vous l'avez gardé ?

EUGÉNIE.

Oh ! toujours !...

DANIEL.

Vous le portez ?

EUGÉNIE.

Non... je craignais tant qu'on ne me l'enlevât au pensionnat... Je le serre toujours soigneusement... Et souvent, en cachette... quand j'étais seule... je passais des heures entières à regarder... La vue de ce portrait me causait un plaisir... je ne sais pas pourquoi...

DANIEL.

Oh ! mademoiselle ! une prière, encore une grâce...

EUGÉNIE.

Parlez...

DANIEL.

Cette miniature... ce portrait... Permettez-moi...

EUGÉNIE, refusant.

Ah !...

DANIEL.

Oh ! ne me refusez pas... c'est pour vous... oui... pour vous-même... que je désire tant savoir...

EUGÉNIE.

Eh bien ?...

DANIEL.

AIR du Corsaire Noir (de M. Potier).

Eh bien ! si, par une heureus' chance,
Un' jeune fille que je cherchais...
C'était vous... et si j'connaissais
Celui dont vous tenez l'existence...
Si, par l'appui du Tout-Puissant,
J'rendais, pour moi quel sort prospère !
Un enfant à son pauvre père,
Votre père à vous, pauvre enfant...

EUGÉNIE.

Vous avez dit !... mon père !...

DANIEL.

Oui... un... un militaire !

EUGÉNIE.

Oh ! j'en étais sûre .. Monsieur, achevez... Apprenez-moi... (Bruit de voix. Elle s'arrête effrayée.) O ciel !...

DANIEL.

Le marquis ! silence !... Laissez-moi avec lui... Plus tard... je vous reverrai... je vous dirai...

EUGÉNIE.

Oui... oh ! oui... n'est-ce pas ?

DANIEL, la reconduisant.

Mais vous resterez ?...

EUGÉNIE.

Je m'abandonne à vous.   (Elle sort.)

SCÈNE VII.

DANIEL, LE MARQUIS, GIRODEAU.

DANIEL, voyant entrer le marquis et Girodeau.

Oh !... maintenant... les voici... A nous trois !...

LE MARQUIS, à Girodeau.

Vous avez la lettre ? ne perdez pas un instant, hâtez-vous !...

GIRODEAU.

Oui, monsieur le marquis. (Regardant autour de lui.) Eh bien... où est-elle ?...

DANIEL.

Mamselle Eugénie ?... Là... (Il montre la droite.)

GIRODEAU.

Bien... Suivez-moi.   (Il va à la porte.)

DANIEL, qui examine le marquis.

Plus je le dévisage...

GIRODEAU, se retournant.

Venez donc, Daniel...

DANIEL.

Excusez... pas pour l'instant... allez toujours, je vous rattraperai. (Au marquis.) Monsieur le marquis, j'aurais deux mots à vous dire... de vous à moi...

LE MARQUIS.

Que signifie ?...

GIRODEAU.

Vous ?... à M. le marquis ?...

DANIEL.

Oui...

GIRODEAU.

Et qu'est-ce que vous pouvez avoir ?...

DANIEL.

Est-ce que vous êtes M. le marquis ?... Excusez... Avec ça que vous avez encore un air très distingué...

GIRODEAU, se fâchant.

Oh ! mais...

LE MARQUIS.

Ah ! ça... cesserez-vous... Sortez...

DANIEL.

C'est ça... sortez.

LE MARQUIS.

Vous aussi, je n'ai pas le temps d'écouter...

DANIEL, au marquis.

Demande bien pardon... mais je suis pressé

aussi, moi...et si monsieur le marquis... (Appuyant). de Gerville... refuse de m'entendre... peut-être qu'un autre... (Baissant la voix et observant le marquis.) par exemple, M. le chevalier Gaston des Perches...

LE MARQUIS, se levant.

Hein?

DANIEL, à part, le toisant.

C'est lui! c'est bien lui!... Je tiens mon peuplier...

LE MARQUIS.

Que veut dire?...

DANIEL

Ça sera peut être un peu long. (A Girodeau qui revient à lui.) Ne m'attendez pas... Allez!...

(Girodeau veut parler.)

LE MARQUIS.

Oui... Allez... Laissez-nous... Conduisez mademoiselle Eugénie.

DANIEL, retenant Girodeau.

Inutile... Ne prenez pas cette peine-là...

GIRODEAU.

Comment?

DANIEL.

Possible que M. le marquis veuille voir mademoiselle Eugénie tout à l'heure.

GIRODEAU.

Parce que?

DANIEL.

Bon Dieu! que vous êtes curieux, mon cher... Faites donc ce qu'on vous dit... (Au marquis.) N'est-ce pas, monsieur le che...

LE MARQUIS, vivement.

Le marquis!...

DANIEL.

Oui, marquis de Gerville de Boisriou... (Mouvement du marquis.) et autres lieux... car vous en avez tant... (Appuyant.) à présent...

LE MARQUIS, surpris et à part.

Voilà qui est étrange... (A Girodeau.) Sortez... Portez toujours la lettre à madame la supérieure... pour lui annoncer Eugénie...

(Girodeau sort.)

ooooooooooooooooooooooooooooooooooooooooooooooo

SCÈNE VIII.

DANIEL, LE MARQUIS.

LE MARQUIS.

Eh bien?... nous sommes seuls...que me voulez-vous? (Il va s'asseoir.)

DANIEL, à part.

Allons... menons-le au pas gymnastique... Une charge à la Mouzaïa... Rran!... Si je ne me trompe, je ne serai pas fusillé pour ça...

LE MARQUIS.

Eh bien?

DANIEL.

Eh bien!... C'était pour vous dire, monsieur le marquis, que mademoiselle Eugénie ne se soucie plus d'aller au couvent... (Le marquis le regarde.) et qu'elle préfère devenir la femme de M. de Trécy...

LE MARQUIS.

Hein?... Par exemple!...Et c'est vous qu'elle a chargé de m'apprendre?...

DANIEL.

Non... je m'en suis chargé moi-même...

LE MARQUIS.

Vous?

DANIEL.

Moi... Vu que j'avais promis à son père. (A part.) Rran!...

LE MARQUIS.

Son pè... Quoi... vous auriez connu?...

DANIEL.

Un peu... Un ancien camarade que j'avais laissé à Mascara...

LE MARQUIS, se levant.

Il existerait encore!

DANIEL.

Ça vous affligerait?... Merci pour lui...

LE MARQUIS, avec impatience.

Eh! (A part.) Voici bien une autre affaire!...

DANIEL, à lui-même.

Ça l'interloque; j'ai tiré en pleine cible... (Haut.) Va, qu'il m'a dit... Madame de Boisriou, qui adorait sa fille et qui était richissime, n'aura pas abandonné... déshérité... (Au marquis.) N'est-ce pas? vous qui connaissiez sa bonté, sa générosité... elle était incapable...

LE MARQUIS, à part.

Mais conçoit-on. quel embarras cruel, inouï?...

DANIEL.

Bien sûr, qu'il ajouta, la vieille comtesse aura pris des mesures .. Tâche de savoir ça... Je veux que mon enfant soit heureux...Sinon, tu m'écriras... et j'irai, moi...

LE MARQUIS, à part.

Grand Dieu!

DANIEL.

Justement, tout à l'heure, ici à côté, à la caserne de Babylone, je viens de voir Grisou, un de mes anciens tambours-majors... un... qui est encore plus bel homme que vous d'au moins six ou sept pouces, sans vous rabaisser, et qui voulait me rengager sous sa canne...

LE MARQUIS, à part.

Vas-y donc, et que la peste...

DANIEL.

Il part dans l'après-midi pour l'Afrique, avec le régiment... Je profiterai de l'occasion pour donner de nos nouvelles au camarade et lui annoncer ...

LE MARQUIS.

Du tout! je vous le défends...

DANIEL, brusquement.

Hein ? défends !

LE MARQUIS, se reprenant.

C'est inutile... Mais voyons... (A part.) Allons, encore un sacrifice... (Haut.) N'y aurait-il pas moyen d'éviter... d'arranger ?...Si, par exemple... on offrait à votre camarade...

DANIEL, avec colère.

Quoi donc ?...

LE MARQUIS.

Mais quelque argent... une somme assez ronde, par exemple...

DANIEL.

De l'argent... de l'argent, pour qu'il se taise, pour qu'il renonce à s'occuper d'elle... à la revoir jamais !... n'est-ce pas ? (Le marquis veut parler.) Mais vous lui offririez toutes vos richesses... tous vos millions, tous vos hôtels... vos terres... qu'il en ferait cas comme de ça...

(Il prend la tabatière du marquis sur la table et la jette par terre.)

LE MARQUIS.

Hein ?

DANIEL.

Mais vous n'avez donc rien là ?...

(Il lui tape sur la poitrine.)

LE MARQUIS.

Eh! l'ami !...

DANIEL.

Vous ne savez donc pas ce que c'est que l'amour d'un père pour son enfant ?...

LE MARQUIS.

Chut !... plus bas...

DANIEL.

Ah! dire qu'il y a des hommes... Mais non, ce ne sont pas des hommes... ce sont des... je ne sais pas quel nom donner à ça... moi ! (Fièrement.) Monsieur le marquis, vous savez ce que je vous ai dit... Au revoir !...

LE MARQUIS.

Attendez donc! mais enfin, que veut-il, ce... cet homme ?

DANIEL.

Cet homme... cet homme veut que sa fille soit contente, heureuse... Et comme elle ne peut l'être qu'avec M. de Trécy...

LE MARQUIS.

Mais, c'est impossible !...

DANIEL.

A vous, peut-être .. mais à lui... le père... en venant ici... en réclamant ses droits...

LE MARQUIS.

Réclamer ?...

DANIEL.

AIR : Qu'il est flatteur d'épouser, etc.

Même avec du bruit, du scandale...
Le camarad', je le connais...
Je l' vois d'ici qui s'en régale...
Il n'en sera pas pour ses frais...

LE MARQUIS.

Quoi! devant un grand personnage...
Un homme du peuple, un soldat...
Il oserait...

DANIEL.

Fair' du tapage...
Pardieu, j' crois bien, c'est son état !
Faire du bruit, c'est son état !...

On n'est pas tambour pour rien...

LE MARQUIS.

Un tambour !... Et vous vous imaginez que M. de Trécy et sa noble famille pourraient consentir... (Haussant les épaules avec dédain.) Oui ! on épouse, à la rigueur, la fille de parens inconnus... mais d'un tambour... En vérité, il faut être fou pour l'espérer...

DANIEL, réfléchissant, à part.

Oui, au fait... c'est vrai... (Haut.) Mais en ne le faisant pas connaître... ça revient au même... Le jeune commandant adore mademoiselle Eugénie, qu'il croit orpheline ; ce n'est pas sa naissance ni sa fortune qui l'inquiètent : il est assez riche pour deux, il me le rappelait encore ce matin...

LE MARQUIS.

Ah! M. Édouard ?,..

DANIEL.

Oui, et vous arrangerez tout ça aisément avec lui, d'amitié... Il s'agirait donc tout bonnement de se taire... et quant à moi... vous pouvez compter...

LE MARQUIS.

Bien sûr ?...

DANIEL.

Oh! ça... vous ne me connaissez pas... quand j'ai mis quelque chose là dedans, voyez-vous ?... c'est comme une consigne... dix mille canons braqués ne me feraient pas parler... Et je vivrais cent mille ans près d'elle, du moment qu'il s'agit de mamselle Eugénie... (Le marquis le regarde.) de la fille de mon vieux camarade, de mon frère d'armes...

LE MARQUIS.

A qui vous laisserez ignorer aussi que vous l'avez retrouvée ?...

DANIEL.

Ah! il faut aussi... Suffit! même silence dans les rangs... On se taira... Vous voyez bien que toute cette affaire-là... ce n'est pas encore Abd-el-Kader à prendre... ou le grand désert à traverser... avec une bouteille d'eau.

LE MARQUIS, réfléchissant.

Au fait ! ce serait le meilleur moyen d'en finir... si M. de Trécy voulait se contenter...

DANIEL, vivement.

Il voudra... j'en réponds...

LE MARQUIS.

Alors...

DANIEL, vivement.

Alors, vous consentez... Ah ! tenez , voilà une bonne parole...

LE MARQUIS.

Hein ?

DANIEL.

Je vais prévenir le commandant, n'est-ce pas ?

LE MARQUIS.

Eh ! non... Un instant...

DANIEL, qui a ouvert la fenêtre.

Ah ! dame .. bien fâché... Fallait donc le dire... Il n'est plus temps...

LE MARQUIS.

Comment ?

DANIEL.

C'est fait !... c'était convenu entre nous... Il devait attendre le signal sur le balcon de l'hôtel du Nord, en face .. Il m'a vu ouvrir la fenêtre... (Regardant.) et voilà qu'il vient...

LE MARQUIS.

Mais que diable ! on ne traite pas les affaires ainsi...

DANIEL.

Ah ! oui, toujours des contremarches, des évolutions... Mais quand il s'agit de rendre les gens contens... le plus tôt c'est le mieux... et il sera content... Et mademoiselle Eugénie, donc ?... Et vous... Et moi... Nous le serons tous, et...

ÉTIENNE, entrant.

M. le comte de Trécy.

LE MARQUIS.

Faites entrer dans mon cabinet... je vais... (Étienne sort.—A part.) Au fait, il est fou de la petite... j'en aurai bon marché...

DANIEL.

Et le mariage tient toujours ?...

LE MARQUIS.

Assurément.

DANIEL.

Bravo !... Vive M. le chevalier Desp...

LE MARQUIS.

Chut !

DANIEL.

Vive M. le marquis !

LE MARQUIS.

C'est bien !... il suffit... Et surtout, prenez garde... Songez qu'à la première indiscrétion...

DANIEL.

Jamais !... parole de soldat, muet et silencieux, comme une caisse trouée !...

(Le marquis sort.)

SCÈNE IX.

DANIEL, seul.

Ah ! enfin... (Il va vers la porte d'Eugénie, et s'arrête tout à coup.) Allons... voilà encore que ça me reprend... (Avec colère.) Oh ! je suis sûr... je n'ai pas le plus petit doute à présent... Eh bien !... au moment de lui demander une dernière preuve ?... Et puis enfin, si c'est elle... d'où vient donc qu'en lui parlant je sens toujours comme une espèce de crainte.. de respect... Oui !... quand je la vois là, devant moi, avec cet air... ces manières si nobles... je ne peux pas m'imaginer que c'est ma... (Il s'arrête.) Et alors j'ose à peine lever les yeux sur elle, lui parler... Mon Dieu ! si, comme eux tous, elle allait se trouver humiliée... si elle allait rougir du pauvre soldat ?... Oh ! (Se retournant.) Mais non... non... je suis fou ! C'est l'offenser, l'injurier... Allons ! quoi qu'il arrive, je saurai... (Il court ouvrir la porte et appelle :) Mademoiselle... mademoiselle Eugénie...

SCÈNE X.

DANIEL, EUGÉNIE.

DANIEL, la voyant essuyer ses larmes.

Qu'est-ce que je vois ? Ah ! mais non ! nous allons sécher ces larmes-là... (L'arrêtant au moment où elle va porter son mouchoir à ses yeux.) Et d'abord serrez ça... pas besoin... nous avons mieux... Le commandant est ici... (Mouvement d'Eugénie.) avec M. le marquis... Ils sont d'accord à présent, et causent ensemble, comme une paire d'amis, de votre prochain mariage... (La voyant aussi triste.) Eh bien ! moi qui croyais en vous annonçant... Ah ! oui, je comprends... Vous craignez peut-être d'autres empêchemens... à cause de ce que je vous ai dit tantôt au sujet de... (Avec précaution.) de votre père...

EUGÉNIE, regardant autour d'elle.

Ah ! parlez, monsieur Daniel... Si vous saviez avec qu'elle impatience j'attendais là...

DANIEL.

Vrai ? il vous tardait...

EUGÉNIE.

Vous l'avez connu ? Quand cela, où donc ? quel est son nom ?

DANIEL, tressaillant.

Son nom !...

EUGÉNIE.

Vit-il encore ? Ah ! parlez... Ils m'ont si souvent trompée déjà... peut-être ce matin m'abusaient-ils encore ! Ne craignez rien... je saurai me taire... je feindrai de les croire... mais la vérité ?

DANIEL, à part.

La vérité !...

EUGÉNIE.

Eh bien ?...

DANIEL.

Mademoiselle ! c'est que... votre père, il n'était pas ce que vous vous imaginez peut-être...

EUGÉNIE.

Ne m'avez-vous pas dit... un militaire ? Oh ! j'ai bien retenu toutes vos paroles...

DANIEL.

C'est vrai ! mais les militaires... il y en a, voyez-vous... S'ils peuvent tous devenir maréchaux de France... il n'y en a pas mal aussi dans le nombre qui restent... capitaines, lieutenans, sous-officiers... et même...

EUGÉNIE.

Ah ! que m'importe son rang !

DANIEL.

Quoi ? s'il était moins encore... vous l'aimeriez... vous l'accueilleriez ?...

EUGÉNIE.

Avec la même joie... la même tendresse, le même respect...

DANIEL.

Mademoiselle !...

EUGÉNIE.

Quel qu'il soit... quelle que soit son humble condition... rien, non rien au monde ne saurait m'empêcher de me dire sa fille...

DANIEL, à part.

Sa fille ! la fille d'un... Oh ! oui... elle le dirait, et puis après, les autres... (Haut.) Cependant s'il devait s'en suivre pour vous des malheurs... (Mouvement d'Eugénie.) la perte de toutes vos espérances, peut-être ?...

EUGÉNIE.

Que dites-vous ?... Ce serait une douleur bien grande sans doute... mais je n'en ferais pas moins mon devoir... Oui, qu'il m'appelle à lui, et je quitterai, j'abandonnerai tout... je renoncerai à mon amour s'il l'exige... Ah ! c'est que vous ne savez pas ce que c'est que d'avoir si long-temps attendu, désiré son père... Qu'il me dise seulement... Viens ! qu'il m'ouvre ses bras... et vous verrez, vous verrez si j'hésite !...

DANIEL, vivement.

Non ! vous n'hésiteriez pas, j'en suis sûr... Je vous avais bien jugée, mademoiselle... vous êtes un digne... un noble cœur... et votre père en vous entendant parler comme ça... (Avec l'accent d'une joie profonde.) Ah ! il a bien souffert aussi... Mais ce que vous venez de dire... ce que je viens d'entendre... (Passant la main sur ses yeux et à part.) Je n'y tiens plus... je vais faire quelque malheur... Allons donc ! soyons homme... (Haut.) Oh ! oui... c'est plus de bonheur qu'il n'en pouvait jamais espérer.

EUGÉNIE.

S'il est vrai ? qu'attendez-vous encore ?...

DANIEL.

Moi ! (A part.) Parler... pour qu'à son tour elle apprenne à tout le monde... Et j'aurais le courage... Oh ! non, jamais... et pourvu que je puisse vivre près d'elle, ainsi, toujours...

EUGÉNIE.

Que dites-vous ?...

DANIEL.

Je dis, mademoiselle, qu'avant d'exiger de vous de pareils sacrifices et de risquer de compromettre l'avenir qui vous attend... votre père aurait plutôt cent fois donné sa vie... si malheureusement déjà... le bon Dieu... depuis long-temps...

EUGÉNIE.

Oh ciel ! ah !

DANIEL, vivement.

Mais nous parlerons de lui souvent, je vous dirai comme il vous aimait aussi... comme il a regretté d'être séparé de vous... Si du moins c'est lui que j'ai connu à l'armée...

EUGÉNIE.

En douteriez-vous ?

DANIEL.

Je n'en douterais plus, si je pouvais voir ce portrait !...

EUGÉNIE, vivement.

Ah ! c'est vrai... Pardonnez... Tout ce que vous venez de me dire... mais j'y avais pensé... Oui, là !... pendant que j'étais seule... j'ai profité de cet instant... (Elle porte la main à son corsage.)

DANIEL.

Vous l'avez ?

EUGÉNIE, s'arrêtant.

Chut !   (Elle regarde autour d'elle.)

DANIEL, tremblant d'émotion.

Non ! oh ! non !... Ne craignez rien... personne. . (Eugénie a pris le médaillon.) Donnez ! oh ! donnez !

EUGÉNIE, ouvre le médaillon.

Voici !...

DANIEL, le regardant et poussant un cri.

Ah ! (Il saisit le portrait et le contemple.) Oui ! c'est elle ! c'est elle ! la voilà.

EUGÉNIE.

Vous reconnaissez ?

DANIEL, à lui-même.

Oui ! oh ! oui !... voilà bien son regard si doux... son sourire d'ange ! Ah ! quels souvenirs !...

(Il passe sa main sur ses yeux.)

EUGÉNIE.

Monsieur Daniel, vous souffrez ?...

DANIEL, qui a tressailli en l'écoutant, et regardant le portrait.

Parlez... parlez encore... Ah ! il me semblait... c'était elle... c'était sa mère que j'entendais...

EUGÉNIE.

Ma mère !

DANIEL.

Oui ! votre mère, qui est dans le ciel, qui prie pour vous...

EUGÉNIE.

Ma mère ! (Voulant reprendre le portrait.) Ah ! donnez. . rendez-moi ?

DANIEL.

Pas encore! oh! pas encore...

EUGÉNIE, insistant.

Donnez! (Daniel met le médaillon sur son cœur et l'y presse avec transport. Eugénie pousse un cri et reprend le portrait.) Ah!

DANIEL.

Silence!

EUGÉNIE, le regardant.

Ce trouble... cette émotion... (Frappée.) Mon Dieu! quelle pensée! (Lui prenant la main vivement.) Ah! vous me trompiez aussi... mon père existe!

AIR du Corsaire Noir.

Oui! de bonheur mon cœur palpite...
Mon père!... je pourrais le voir...
Confirmez le plus doux espoir?
Voyez le trouble qui m'agite...
D'un mot terminez mon tourment,
Non, vous ne pouvez plus vous taire:
Rendez un enfant à son père!
Rendez un père à son enfant...
Que par vous je retrouve un père!
Et qu'il retrouve son enfant!...

DANIEL, entraîné.

Ah! c'est trop souffrir. (A Eugénie.) Eh bien... (La porte du fond s'ouvre. Ils se séparent vivement.)

○○

SCÈNE XI.

LES MÊMES, GIRODEAU.

GIRODEAU, qui a vu le mouvement.

Ah! ah! par exemple...

DANIEL, furieux.

Eh bien! quoi? qu'est-ce que vous voulez? qu'est-ce que vous cherchez?

GIRODEAU, intimidé.

Comment!...

DANIEL.

Oui... pourquoi venez-vous? on ne vous a pas demandé?

GIRODEAU.

Hein? il va me chasser à présent...

DANIEL.

Je ne vous chasse pas... mais vous nous gênez... Laissez-nous...

GIRODEAU.

Que je le laisse! quand je le trouve ici avec mademoiselle Eugénie... tout en pleurs... et lui... tout... Mais nous allons voir, M. le marquis va juger...

DANIEL, frappé.

Le marquis!... Ah!... j'avais oublié... (A Girodeau qui s'éloigne.) Non, non... Demeurez, restez... (Il le retient.) J'ai eu tort. (Mouvement de Girodeau.) Oui! vous avez bien fait... très bien fait d'arri-

ver.. Je vous en remercie. (A part.) C'est pourtant vrai.. sans lui, je parlais... et elle avait déjà des soupçons!...

GIRODEAU, à Eugénie, qui lui parle.

Oh! j'en suis bien fâché... mais mon devoir...

DANIEL, qui a réfléchi.

Eh bien! allez... Laissez-le, mademoiselle... (A Girodeau.) Filez... mais vous n'empêcherez pas qu'elle soit la femme de celui qu'elle aime...

GIRODEAU.

Qu'est-ce qu'il dit?

DANIEL.

Oui! et commandante... et comtesse, et riche, et heureuse avec M. de Trécy... Allez, allez donc trouver votre maître... faites votre rapport, allez rapporter... allez dénoncer... allez lui conter...

GIRODEAU.

Oui, j'irai!... oui!... Il est là!...

DANIEL.

C'est ça!... allez là... allez ailleurs... allez... au diable surtout!...   (Il sort.)

○○

SCÈNE XII.

GIRODEAU, EUGÉNIE.

GIRODEAU, exaspéré, le suivant.

Certainement, mais certainement que j'irai... si je le veux... si cela me plaît... et je n'ai pas d'ordre à recevoir... je suppose, du moins... Car, en vérité, on croirait que c'est lui le maître et moi le... mais je lui apprendrai...

EUGÉNIE, voulant le retenir.

Monsieur Girodeau, écoutez...

GIRODEAU.

Non, mademoiselle... Il est clair qu'il y a là quelque chose que l'on veut cacher à M. le marquis; et je ne me soucie pas de compromettre ma position... (Elle veut insister.) Impossible, (La porte s'ouvre.) Et justement...

○○ ○○

SCÈNE XIII.

LES MÊMES, LE MARQUIS.

LE MARQUIS.

Qu'y a-t-il donc? A qui en avez-vous?

GIRODEAU.

A mademoiselle.. ou plutôt à ce.. (Eugénie veut l'arrêter.) Non, mademoiselle, il faut que monsieur le marquis sache...

LE MARQUIS.

Quoi donc?... Parlez?...

GIRODEAU.

C'est ce Daniel qui était tout à l'heure ici avec mademoiselle...

LE MARQUIS.

Daniel !...

GIRODEAU.

Ils m'ont paru extrêmement troublés... il y a même eu à mon entrée deux cris à la fois... (Imitant la voix d'Eugénie et celle de Daniel.) Ah ! ah !..

LE MARQUIS, à part.

Aurait-il eu l'imprudence... (Passant à Eugénie.) Que vous disait cet homme ?...

EUGÉNIE.

Monsieur...

LE MARQUIS.

Répondez !... hâtez-vous... (Montrant son cabinet.) M. le comte de Trécy est là ! il va venir... Que vous disait Daniel ?

EUGÉNIE, trouvant une idée.

Mais... ce que vous-même venez de me dire, monsieur le marquis... que... M. le comte Édouard était là... et que vous aviez la bonté de consentir...

LE MARQUIS, avec défiance.

Ah !... c'était cela ? et rien de plus ?... Vous vous taisez ?.. (Avec trouble et agitation.) Je comprends... cet homme vous aura sans doute fait des histoires... des contes. Et cela, au moment où je m'efforçais de détruire les obstacles qui s'opposaient à votre union...

EUGÉNIE, apercevant Édouard.

Monsieur Édouard !...

SCÈNE XIV.

LES MÊMES, ÉDOUARD, puis DANIEL.

ÉDOUARD, qui a entendu les derniers mots du marquis.

Oui, chère Eugénie... plus *d'obstacles*... Les *motifs* de l'hésitation de monsieur le marquis m'ont été expliqués par lui... (Voyant son embarras.) Mais qu'avez-vous ? cette agitation...

DANIEL, paraissant en habit de tambour. — A part.

Ah ! mon Dieu ! ils sont tous là...

ÉDOUARD, à Eugénie.

Que pouvez-vous craindre encore ? Vous êtes orpheline, je le sais... Vous n'avez point de famille, mais la mienne... en voyant briller en vous tant de noblesse... et de distinction... la mienne sera fière de vous adopter... (Au marquis.) De grâce, monsieur, répétez-lui que rien désormais ne saurait nous séparer...

LE MARQUIS.

C'est-à-dire... monsieur le comte... je le croyais... je l'espérais comme vous... mais... (Bas à Eugénie.) Encore une fois, que vous a dit ce Daniel ?...

DANIEL, qui déposait sa caisse au fond.

Hein ! plaît-il ?...

LE MARQUIS.

Ah !

DANIEL, s'avançant et saluant militairement.

Présent Daniel ! qu'est-ce que vous lui voulez ?

LE MARQUIS, l'amenant sur le devant du théâtre.

Ce que je veux, malheureux ?... quand tu as sans doute tout compromis par ton indiscré... (S'arrêtant et regardant son habit.) Ah ! ça, mais... qu'est-ce que ?...

DANIEL.

Ah ! oui, mon habit, pas vrai ? (Aux autres qui le regardent aussi avec surprise.) Ça vous étonne... mais je vais vous dire... J'avais si peu l'habitude de l'autre... (A Girodeau.) l'uniforme du gros pékin... là bas... Je ne m'y trouvais pas à mon aise... Alors je suis allé ici tout près, à côté... où j'ai retrouvé des anciens... mon major aussi... celui qui m'avait parlé ce matin de me rallier sous son moulinet... (Il fait le geste.) J'avais refusé d'abord... parce que... dans ce moment-là, je ne savais pas encore comment ça tournerait ici... (Regardant Eugénie.) Mais à présent que je vous laisse... *

EUGÉNIE.

Que dites-vous ? me laisser !

DANIEL, vivement.

Avec votre mari, monsieur Édouard... qui vous protégera... vous aimera... Vous n'avez plus besoin de moi... de personne... Je pars... (Bas au marquis.) et elle ne sait rien !

EUGÉNIE.

Daniel !...

ÉDOUARD, avec chaleur.

Quoi ! sérieusement, mon vieux camarade, tu songerais à nous quitter ?

LE MARQUIS, vivement.

Peut-être a-t-il des raisons.

DANIEL.

Des raisons, c'est ça !... Ils étaient là une vingtaine... des amis... d'anciens camarades... qui me priaient tous à la fois... Et le major qui me promettait qu'à la première affaire il me recommanderait au colonel pour la croix... On ne me l'a pas donnée, parce que je ne l'ai encore gagnée que deux ou trois fois... Il paraît que pour moi ça ne suffit pas .. Mais je l'aurai, j'y tiens... parce que vous comprenez... la croix... chevalier de la Légion-d'Honneur... ça relève un homme... et quand il prend ses invalides, s'il les prend... il met ça sur une redingote bleue... ou noire, n'importe... et alors il peut regarder tout le monde, entre les deux yeux... Quand ce serait un adjoint... (Il regarde Girodeau.)

GIRODEAU.

Plaît-il ?...

DANIEL, regardant le marquis.

Et même un marquis... (A Eugénie.) N'est-ce pas ?

---

* Le marquis, Daniel, Eugénie, Édouard, Girodeau.

(La voyant triste et rêveuse.) Mais... vous ne m'écoutez pas, mademoiselle, vous vous affligez... Ah! tenez... j'ai eu tort, j'aurais mieux fait de suivre ma première idée... mais partir sans vous revoir...

EUGÉNIE.

Ah! vous ne l'eussiez pas voulu?...

DANIEL.

Voulu! si... peut-être bien; mais il fallait pouvoir... et pas moyen... le cœur... c'est le cœur qui m'a manqué pour ça... (A part.) L'avoir retrouvée et puis... Ah!...

LE MARQUIS, s'approchant de lui et bas.

C'est bien, je suis content de vous...

DANIEL.

Oui. (A part.) Et moi aussi! (On entend au dehors un bruit de tambours qui se préparent à battre.) Déjà!...

EUGÉNIE.

Qu'est-ce donc?

DANIEL.

C'est le... parce que j'avais oublié de vous dire... c'est aujourd'hui même, à l'instant, que le régiment...

EUGÉNIE et ÉDOUARD.

Daniel!

DANIEL.

Adieu, mademoiselle, mon commandant.. Pensez quelquefois au pauvre Daniel... qui, peut-être jamais... (Avec douleur.) Mon Dieu! (Se rassurant.) Oh! si... plus tard, n'est-ce pas?... Il vous retrouvera heureux. (Les tambours font un second appel, Daniel redescend la scène.) Mon commandant... mademoiselle... ou plutôt madame la comtesse... car, c'est tout comme, à présent...

ÉDOUARD.

Certes!

DANIEL, au marquis.

Sinon le camarade et moi, nous revenons... (Montrant son tambour.) faire ici dedans des tremblemens de roulemens...

AIR : Finale de M. Hormille.

Loin de vous le devoir m'appelle...
(A Édouard.)
Vous m'avez promis son bonheur...

ÉDOUARD.

A ce vœu je serai fidèle!

DANIEL.

C'est bien!
(Il fait un pas pour s'en aller et s'arrête.)

EUGÉNIE, qui le voit.

Ah! voyez sa douleur!

ÉDOUARD.

Pour dissiper cette tristesse,
Que veux-tu?

DANIEL.

Moi!
(Il regarde Eugénie.)
Je... Ah!... jamais...
Je n'ose...

ÉDOUARD, comprenant.

Embrasser la comtesse?
(Lui prenant la main pour le faire passer vers Eugénie.)
Va donc, mon vieux, je le permets.

DANIEL, laissant échapper un cri de joie.

Ah!

(Il embrasse Eugénie, serre la main d'Édouard, en exprimant son bonheur et son émotion... Girodeau, attendri, se mouche bruyamment, les tambours battent une marche en dehors.)

ENSEMBLE.

DANIEL.

Loin de vous le devoir m'appelle...
Vous m'avez promis son bonheur...
A ce serment soyez fidèle,
Je la confie à votre honneur!

EUGÉNIE.

Loin de nous le devoir l'appelle ;
Et je sens au fond de mon cœur
Que partout cet ami fidèle
Va manquer à notre bonheur !

ÉDOUARD.

Va, puisque le devoir t'appelle...
Mais je t'ai promis son bonheur...
Compte sur mon amour pour elle,
Aussi bien que sur mon bonheur !

LE MARQUIS, à Girodeau.

Loin de nous le devoir l'appelle...
Il s'éloigne enfin, quel bonheur !
A son serment il fut fidèle...
C'est vraiment un homme de cœur !

(Pendant l'ensemble, Daniel a pris son tambour... puis serré la main d'Édouard... Il s'éloigne et arrive au fond au moment où le rideau baisse ; il fait un geste d'adieu, et part en battant la même marche que les tambours du dehors.)

FIN DE DANIEL LE TAMBOUR.

Paris.— Imprimerie de BOULÉ et Cᵉ, rue Coq-Héron, 3.